WENDY BELLO

un corazón NUEVO

De muerte a vida con Jesús

Un corazón nuevo : De muerte a vida con Jesús

B&H Publishing Group

Nashville, TN 37234

Editado por Grupo Scribere

ISBN: 978-1-5359-9985-4

Impreso en EE. UU.

1 2 3 4 5 * 24 23 22 21

A Abel, mi esposo, mi mejor amigo,
el compañero que Dios en Su gracia me regaló.
Gracias por compartir este viaje y animarme
en el camino. ¡Te amo!

CONTENIDO

Objetivo =
Aprender más de êl.
Tener una relación intima con él

INTRODUCCIÓN

Hace más de 28 años, el Señor me encontró y me dio un corazón nuevo. Y no, no estoy hablando del órgano que impulsa la sangre dentro de mi organismo y me mantiene respirando. Ese sigue siendo el mismo desde el día de abril en que abrí los ojos por primera vez. El corazón que el Señor me regaló es otro, uno que no podemos ver porque su naturaleza es espiritual.

No obstante, aquel día, aunque marcó mi vida de manera significativa, no me convirtió por completo en una persona nueva. ¡Si tan solo fuera así! Ese fue el comienzo de una trayectoria que todavía estoy viviendo; el proceso de transformación continúa, y continuará hasta que el Señor me llame o regrese.

Por eso escribo este libro, porque quizá hace poco comenzaste a caminar con Cristo y te preguntas cómo es una vida regenerada en el día a día. O tal vez hace tiempo empezaste el viaje, pero no entiendes por qué algunas cosas siguen iguales, por qué es difícil perdonar o amar a quienes nos resulta complicado; por qué la preocupación parece ahogarte o por qué es tan fácil perder la esperanza ante las circunstancias. ¿Cómo vivo por fe? Dicho con otras palabras, ¿cómo es que cambia nuestro corazón?, ¿cómo llega a ser nuevo? ¿Cómo afecta el evangelio mi vida cotidiana? Y para ello, nada mejor que aprender del Maestro, de Jesús.

En este libro vamos a explorar diferentes declaraciones hechas por Jesús a lo largo de los Evangelios, las cuales se relacionan con el tema de un corazón nuevo, partiendo de una premisa: tenemos un corazón muerto que solo Cristo trae a la vida, y luego lo cambia.

Mi corazón y el tuyo nacen contaminados por el pecado que heredamos y, por lo tanto, necesitan ser regenerados, hechos nuevos. Eso no es algo que logremos por nuestra propia cuenta. El corazón nuevo es un milagro con la firma de Dios.

Así que este no es un libro de autoayuda. No encontrarás aquí fórmulas ni recetas para vivir tu mejor vida ni tampoco para lograr sueños. Pero sí encontrarás esperanza; no en lo que yo he escrito, sino en lo que Dios dice en Su Palabra y cómo por la acción de Su Espíritu en nosotras, el corazón cambia. Tomaremos las verdades del evangelio y las aplicaremos al corazón.

Mi deseo y mi oración es que, al finalizar cada capítulo, haya en nosotras un anhelo más ardiente de parecernos a Cristo y reflejarle al vivir e interactuar con los demás. Para ayudarte a recordar lo leído, incluí un breve sumario de las ideas más importantes de cada capítulo, y también algunas preguntas, porque la reflexión nos ayuda a interiorizar lo que aprendemos.

Siempre he dicho que la vida cristiana se parece mucho a una carrera de resistencia, de esas que son largas y que requieren intencionalidad para llegar a la meta. Oro que este libro sea una herramienta que te ayude en la carrera. Sin embargo, no olvides que ninguna herramienta es útil si perdemos de vista su objetivo. El objetivo de esta es que tus ojos cada día se vuelvan a Jesús porque solo Él hace nuevo el corazón y nos lleva de la mano hasta el final.

Oro por ti y por tu tiempo en este libro.
Bendiciones,
Wendy

1

UN CORAZÓN MUERTO

Yo les daré un solo corazón y pondré un espíritu nuevo dentro de ellos. Y quitaré de su carne el corazón de piedra y les daré un corazón de carne.
Ezequiel 11:19

«El corazón, cuando es renovado por la gracia, es la mejor parte del ser humano; sin ser renovado, es la peor».—Charles Spurgeon

Llegamos temprano al hospital. Era el día en que los médicos habían programado para mi papá un procedimiento que en estos tiempos se considera bastante rutinario. Hacía seis años desde que su corazón sufrió un infarto y dos paros. En aquel entonces, por milagro de Dios, llegó vivo al hospital. Allí diagnosticaron que la causa era obstrucción arterial, se requería un cateterismo. Si no has escuchado antes de qué se trata, permíteme explicarlo de manera sencilla y en pocas palabras.

El médico, usando sondas, llega hasta el corazón; una vez allí, hace rayos X en vivo que le permiten examinar las arterias. Si ve que están obstruidas, realiza un procedimiento llamado angioplastia y en algunos casos, como el de mi papá, le colocan un dispositivo denominado «stent» (o prótesis endovascular) que abre la arteria y permite nuevamente el flujo sanguíneo. En su caso tuvieron que colocar dos.

Pues bien, luego de esos seis años, volvió a sentirse mal, y el especialista ordenó nuevamente el procedimiento. Y por eso estábamos allí esa mañana. La diferencia fue que en esta ocasión no pudieron hacerlo. La obstrucción era tan grande que les resultaba imposible solucionarla. Fue entonces que nos dieron la noticia más difícil: se requería una cirugía a corazón abierto, ¡y con urgencia!

En cuestión de un par de días hicimos todos los trámites para ingresar al hospital. El día antes de la cirugía, el cirujano jefe del equipo que operaría fue a la habitación y nos explicó detalladamente todo el proceso. Habló de los riesgos, las posibles complicaciones y los beneficios, etc. Debido a la obstrucción, el corazón de mi papá no estaba funcionando bien y en cualquier momento podía sufrir un infarto o paro con muy pocas probabilidades de sobrepasarlo. Las arterias no estaban haciendo su trabajo y, como no era posible repararlas, se requería lo que llaman un bypass (revascularización coronaria). Bueno, en realidad, dos. Para eso utilizan otra vena o arteria que el médico toma de la pierna, la injerta y con ella hace un desvío alrededor de la zona bloqueada en la arteria. Durante todo ese proceso, la respiración ocurre a través de un equipo y el corazón está detenido. La función de este la realiza una máquina a la que conectan al paciente. Por unas horas el corazón estaría «muerto». Una vez terminado el injerto, los médicos lo hacen funcionar de nuevo usando impulsos eléctricos.

Aunque, gracias a Dios, no fue necesario un trasplante de corazón, sí era necesario que por unos momentos «muriera» para poder vivir de nuevo, y vivir mucho mejor.

¿Por qué te cuento todo esto? ¿Por qué comenzar un libro que no es de medicina con una historia así? Bueno, esa explicación será un poco más larga, pero tal vez deba empezar por decirte que aunque al nacer nuestros corazones ya están latiendo y nuestros pulmones respirando, en realidad estamos muertos, muertos a nivel espiritual.

Creo que es importante que aclaremos algo. Cuando la Biblia habla del corazón, ya sea en el hebreo del Antiguo Testamento o en el griego del Nuevo Testamento, no está hablando de emociones.

Nosotros solemos hacer una distinción entre la mente (acciones, pensamientos) y el corazón (emociones, sentimientos). Pero no es así en el lenguaje bíblico. En la Biblia el corazón es el centro de nuestro ser; se refiere a la fuente y el asiento de los pensamientos, las pasiones, los deseos, los afectos y los propósitos. El centro de la voluntad y el carácter; el centro de la vida espiritual. Y es todo eso lo que debemos tener presente cuando leamos aquí acerca de un corazón nuevo o un corazón viejo. El corazón habla de quiénes somos en realidad: «Porque cual es su pensamiento en su corazón, tal es él» (Prov. 23:7, RVR1960).

EL PROBLEMA

Ven conmigo a Génesis 3 y mira lo que nos enseña la Palabra de Dios: «Expulsó [Dios], pues, al hombre; y al oriente del huerto del Edén puso querubines, y una espada encendida que giraba en todas direcciones para guardar el camino del árbol de la vida» (v. 24).

El Edén era el lugar donde Dios, Adán y Eva tenían comunión; era donde se relacionaban y vivían en perfecta armonía porque así Dios los había creado. Ellos, humanos, tenían acceso directo a Dios, tenían la vida que Él había puesto en ellos. Llevaban Su imagen. Eran la corona de la creación. En lo espiritual estaban completamente vivos, plenos, llenos. Y también tenían acceso a la vida eterna, porque el árbol de la vida así se los permitía; comer de él era vivir para siempre, como lo vemos en el versículo 22 del mismo capítulo.

Sin embargo, al entrar el pecado al mundo mediante la desobediencia de nuestros primeros padres, todo eso se rompió. Habían perdido su condición perfecta, libre de pecado. Sus ojos se abrieron al mal cuando fueron tentados por la serpiente, Satanás, y sucumbieron a la tentación. Ya no era posible que Adán y Eva tuvieran una relación directa, abierta con Dios. ¿Por qué? Porque Dios es Santo, y el pecado no puede estar donde está Dios. Así que tuvo que expulsarlos del huerto y, por tanto, de Su presencia. El corazón de Adán y Eva, el corazón de todos los que vinimos después, está muerto, aunque lata, porque nace en pecado. Esto es lo que quiso decir David cuando escribió: «Yo nací en iniquidad, y en pecado me concibió mi madre» (Sal. 51:5). Heredamos el pecado.

Si avanzamos en la historia bíblica, encontramos que unos siglos después, cuando Dios saca al pueblo de Egipto guiados por Moisés, les habla de su necesidad de un corazón nuevo. Ellos, que habían visto las obras poderosas de Dios durante la trayectoria del Éxodo, desde el mar abrirse hasta el maná de cielo, seguían siendo iguales. El corazón seguía muerto. Un día adoraban a Dios y al siguiente le eran infieles. Así que, por boca de Moisés, Dios les anuncia lo que sucedería en el futuro:

*«Además, el SEÑOR tu Dios circuncidará tu corazón y el corazón de tus descendientes, para que ames al SEÑOR tu Dios con todo tu corazón y con toda tu alma, **a fin de que vivas**»* (Deut. 30:6, énfasis añadido).

Solo Él puede hacer que nuestro corazón le ame, ¿te percataste? No es posible en fuerzas humanas. ¡Solo Él lo hace! Y al hacerlo, nos da verdadera vida. Una y otra vez a lo largo de la historia bíblica el mismo mensaje se repite, porque es crucial que lo entendamos.

Cuando leemos el Antiguo Testamento encontramos que, en ocasiones, Dios hizo algunos trasplantes de corazón. Hubo cirugías que corrigieron problemas momentáneos, pero nada era permanente porque el plan de Dios todavía no se había consumado. De ese modo encontramos, por ejemplo, a Saúl. Cuando Samuel va a ungirlo como rey de Israel, le da este mensaje de parte de Dios:

«Entonces el Espíritu del SEÑOR vendrá sobre ti con gran poder, profetizarás con ellos y serás cambiado en otro hombre. [...] Cuando Saúl volvió la espalda para dejar a Samuel, Dios le cambió el corazón, y todas aquellas señales le acontecieron aquel mismo día» (1 Sam. 10:6,9).

Este es uno de los pocos ejemplos en el Antiguo Testamento donde se nos habla del Espíritu del Señor viniendo sobre alguien. Cuando así sucedía era para capacitar a la persona, para equiparla para cierta misión en la que Dios quería usarle. En el caso de Saúl, también se nos dice que Dios le cambió el corazón. Saúl no podía desempeñarse como rey, tal y como Samuel lo encontró, así que Dios intervino y lo llenó de su Espíritu. ¡Qué asombroso!

Lamentablemente, este escenario cambió muy rápido. Solo unos capítulos más adelante leemos sobre la desobediencia de Saúl, la maldad de sus acciones… ¡y el Espíritu del Señor se apartó de él! Toda la fortaleza, la capacidad que había recibido para ejercer su rol, ahora ya no estaba. De nuevo encontramos el pecado en el corazón humano, su incapacidad de ser diferente, su podredumbre y su propensión a la maldad. El resto del reinado de Saúl fue un completo desastre, intentos fallidos de gobernar sin el respaldo de Dios.

Pasaron los años y entonces Dios habló a través de uno de Sus profetas: Ezequiel. En ese mensaje les reitera la necesidad de un cambio de corazón, y quién es el único que lo puede hacer. Estas fueron Sus palabras:

«Además, les daré un corazón nuevo y pondré un espíritu nuevo dentro de ustedes; quitaré de su carne el corazón de piedra y les daré un corazón de carne. Pondré dentro de ustedes Mi espíritu y haré que anden en Mis estatutos, y que cumplan cuidadosamente Mis ordenanzas» (Eze. 36:26-27).

El corazón de piedra no puede obedecer a Dios ni cumplir Sus estatutos, al menos no por mucho tiempo. Sí, externamente podremos tratar de seguir las ordenanzas de Dios, cumplir con Su ley, pero llegará un momento en que fallaremos, en que le seremos infieles o nos cansaremos porque el corazón ha estado latiendo bajo sus propias fuerzas, no con el Espíritu de Dios.

Muchas veces creemos que podemos arreglárnosla, que hay ciertas cosas que de ponerlas en práctica, nos darán un corazón nuevo, pero no es así. Nosotras nacemos con un corazón de piedra, duro, insensible, orgulloso, un corazón de pecado que es desobediente y que no busca agradar a Dios. Un corazón que nos engaña y nos hace creer que somos buenas y que sabemos lo que es mejor para nuestra vida. Pero la realidad es que somos completamente incapaces de cambiar nuestro corazón.

LA SOLUCIÓN

Si Dios no hace la obra, nosotras no podemos. ¡La solución solo puede venir de Él! Ese corazón enfermo y muerto que hemos heredado solo puede ser nuevo por intervención divina. Solo el mismo Dios que lo creó lo puede transformar. Solo Dios puede traerlo de la muerte a la vida. ¡Y por eso Él mismo hace la promesa, Él daría la solución! Pero para entender esto, necesitamos regresar nuevamente a Génesis.

Por algún motivo, muchas veces pensamos que la idea de un corazón nuevo, renovado, surgió a partir de la venida de Jesús, creemos que es una idea del Nuevo Testamento, pero en realidad es un plan que existe desde el principio. En ese mismo capítulo 3 de Génesis Dios habla por primera vez de Su glorioso evangelio, lo que haría posible el trasplante de corazón.

«Pondré enemistad
Entre tú y la mujer,
Y entre tu simiente y su simiente;
Él te herirá en la cabeza,
Y tú lo herirás en el talón» (v. 15)

Este es el anuncio de un futuro lleno de esperanza. Es interesante que cuando Dios presenta este plan, está hablando con la serpiente, con Satanás. Él quiso secuestrar los corazones de Adán y Eva, y de momento lo logró, pero ahí no terminaba todo. Dios amaba demasiado Su creación. Así que, de la simiente de Eva, de su descendencia, vendría Aquel que nos daría la oportunidad de tener un nuevo corazón para volver a relacionarnos con Dios.

Dios está comprometido con Su plan desde el principio. Como hemos visto, una y otra vez nos recuerda nuestra necesidad de transformación, de un corazón nuevo, pero también una y otra vez confirma Su pacto. Lo hizo de varias maneras a lo largo de la historia del pueblo de Israel, y lo cumplió aquella noche en una aldea insignificante llamada Belén.

Abrimos el Nuevo Testamento en Mateo 1:1, y empezamos justo en algo que la mayoría de las veces ni siquiera queremos leer, una genealogía, es decir, una lista de nombres, muchos raros, que nos dice quién es hijo de quién. Pero ahí está, y no podemos pasarlo por alto: Jesucristo, el cumplimiento del plan, de la promesa hecha a Abraham, a Moisés, a David… ¡Cristo vino y por fin tenemos la esperanza cumplida, por fin llegó el que nos dará un nuevo corazón! Cristo, el que nos salvará del pecado, el que aplastará para siempre a la serpiente engañadora, el que hará nuevas todas las cosas.

Como Adán y Eva, como los israelitas, como Saúl o David o cualquier otro, tú y yo también tenemos un corazón muerto sin Cristo. Tú y yo también estamos fuera del Edén, expulsadas. Tú y yo también hemos pecado. Nuestro corazón necesita ser nuevo, necesita una cirugía. Pero no del tipo de cirugía que se puede hacer en un hospital. No basta con cambiar un par de arterias y desviar el flujo sanguíneo para que siga latiendo y cumpliendo con su función vital. No, la cirugía que tú y yo requerimos es divina, va más allá de escalpelos y anestesia. Esta cirugía solo puede realizarla Dios, y no hay nada que tú y yo podamos hacer para contribuir al proceso.

Para Dios, todos estamos muertos mientras nuestro corazón no haya sido rescatado, traído de muerte a vida. ¡Pero tenemos esperanza! Podemos resucitar. ¡Hay solución, y se llama *evangelio*! Una buena noticia, algo que cambió la historia para siempre, y también puede cambiar los corazones.

Ven conmigo a uno de mis libros favoritos en la Biblia, el de Efesios. En los primeros capítulos de esta hermosa carta, Dios nos revela, por mano de Pablo, verdades eternas y transformadoras. Una de ellas es esta: sin Cristo estamos muertas.

«Y Él [Dios] les dio vida a ustedes, que estaban muertos en sus delitos y pecados» (Ef. 2:1).

Creo que es importante que definamos algo, pecado es todo aquello que no está alineado con el carácter de Dios y Sus mandamientos. La idea en esa palabra es como cuando disparamos a una diana y erramos el blanco; el blanco que hemos errado son los estándares de Dios que no podemos satisfacer. No son errores, no son equivocaciones, es pecado. Así que, cuando yo estoy sin Cristo, aunque respire, estoy muerta debido a mi pecado.

Luego, en el versículo 2, leemos que cuando estamos sin Cristo, vivimos según la corriente de este mundo. Dicho de otra manera, cuando estoy sin Cristo vivo como el mundo vive, hablo como el mundo habla, pienso como el mundo piensa, veo las cosas como el mundo las ve, ¡y me parece bien! Cuando estoy sin Cristo no veo el pecado. Pablo les recuerda a estos cristianos que sin Cristo vivimos según nuestros propios deseos, nuestras propias ideas (véanse los versículos 3 y 4). Él habla de cómo, antes de Cristo, se vive para uno mismo, vivo según mi verdad; vivo en el mundo del yo, para satisfacerme a mí, y dejo que sean esos deseos los que gobiernen mi vida. ¡Y no perdamos de vista algo! El pasaje dice que quien diseña esa vida es el príncipe de este mundo, otra manera que Pablo usaba para describir a Satanás. Si no sigo a Cristo, estoy siguiendo al diablo. Así de simple. Tal y como sucedió al principio con Adán y Eva.

¿Y sabes? Satanás puede hacerte creer que la vida sin Cristo no es nada mala, que es atractiva, que puedes disfrutar de muchas cosas; intentará convencerte de que ese plan es mejor que el de Dios. La misma estrategia que usó en el Edén. Pero, aunque parezca una vida glamorosa, espectacular, Dios dice que es una vida de muerte. ¡Nos llama hijos de ira cuando no estamos en Cristo! ¿Sabes lo que eso quiere decir? No que tengamos mal carácter, o que seamos gente iracunda (aunque puede ser el caso); lo que significa es que fuera de Cristo somos el objeto de la ira de Dios, y la ira de Dios es muerte. Estamos separados de Él.

Yo estuve allí, lo recuerdo muy bien. ¿Y sabes lo peor? Fui alguien que por tiempo creyó que estaba en Cristo porque iba a la iglesia, pero la realidad es que el resto del tiempo vivía como quería, ¡según la corriente del mundo! Estaba muerta, ¡y creía que estaba viva! Esa es la peor manera de vivir. Cristo no puede ser Salvador y no ser Señor, es ambas cosas o no es nada. No te dejes engañar. No es posible.

¡Pero Dios! Me encantan los «pero Dios» de la Biblia porque cuando hay una frase así, lo que sigue es grande. En mi propia vida experimenté el ¡pero Dios! Mira cómo continúa este capítulo de Efesios:

«Pero Dios, que es rico en misericordia, por causa del gran amor con que nos amó, aun cuando estábamos muertos en nuestros delitos, nos dio vida juntamente con Cristo (por gracia ustedes han sido salvados)» (Ef. 2:4-5).

A pesar de la muerte, a pesar de mis pecados, de tus pecados; sin importar todo lo malo que hayamos hecho o podamos hacer alguna vez, ¡Dios nos trae a vida por la obra salvadora de la cruz! Ahora fíjate, aunque es una verdad sencilla, no es simple. Necesitamos entender que Dios lo hizo por una única razón: por amor, por Su amor. ¡Por Su misericordia! Misericordia es no recibir lo que me merezco. ¿Qué merezco yo, qué mereces tú? La muerte eterna. Pero Dios, en Su misericordia y por amor, cambió esa sentencia. ¿Cómo lo hizo? ¡En Cristo! El pasaje dice que nos dio vida juntamente con Cristo. Es decir, fuera de Cristo no es posible. ¿Y cuál fue el vehículo? La gracia. ¿Qué es la gracia? En pocas palabras, un favor que no merezco. Yo no merecía la salvación, ni tú tampoco, pero Él lo hizo por gracia. Es un regalo, un regalo completo. Antes muertos, ahora vivos. Antes condenados, ahora absueltos. ¡Por pura gracia!

«Porque por gracia ustedes han sido salvados mediante la fe; esto no procede de ustedes, sino que es el regalo de Dios, no por obras, para que nadie se jacte» (Ef. 2:8-9, NVI).

Así es como obtenemos el nuevo corazón, así es como Dios completó la obra, la promesa, el pacto que hizo desde el principio: nos dio a Cristo, por gracia. Es Cristo quien cambia el corazón de piedra, en corazón de carne. Es Él quien pone en nosotros el deseo de amar a Dios, de obedecerle, de seguirle, de honrarle, de vivir para Su gloria. Por eso se llama *evangelio*, porque no hay mejor noticia que saber que antes estaba muerta, ¡pero ahora vivo! Y no depende de mí, Dios lo hizo todo.

No sé si has entendido ya esta verdad, mi oración es que sí; pero si no fuera el caso, clama a Dios que abra tus ojos para que puedas ver tu necesidad de salvación. Que el pecado se vuelva tan real que no tengas más alternativa que confesarlo a Dios y pedir Su perdón. Pídele que ponga en ti un corazón nuevo, de carne.

NUEVO, PERO NO COMPLETAMENTE NUEVO

Tal vez, al llegar hasta esta parte de la lectura estés haciéndote una pregunta, ¿cómo es posible? ¿Cómo es posible que si ya estoy en Cristo y tengo un corazón nuevo, todavía lucho con ciertos pecados, aún siento que mi corazón tiene algunas «arterias obstruidas»? Te entiendo, es una pregunta válida y todos nos la hemos hecho muchas veces.

El corazón que tú y yo tenemos ahora se parece un poco al de mi papá, está restaurado, pero no es completamente nuevo. Cristo, al redimirnos, nos dio la salvación. Podemos entrar otra vez al Edén, en sentido figurado; es decir, podemos tener una relación con Dios debido a la obra salvadora de la cruz. Sin embargo, llegar a ser completamente nuevas es un proceso. De este lado de la eternidad estamos siendo conformadas, poco a poco, a la imagen de Cristo. Aquello que Dios hizo al principio, cuando creó a Adán y a Eva, ahora lo continúa en nosotros en Cristo. Un día seremos parte de una nueva creación; ahora estamos siendo transformadas.

«Porque a los que de antemano conoció, también los predestinó a ser hechos conforme a la imagen de Su Hijo, para que Él sea el primogénito entre muchos hermanos» (Rom. 8:29).

«Pero todos nosotros, con el rostro descubierto, contemplando como en un espejo la gloria del Señor, estamos siendo transformados en la misma imagen de gloria en gloria, como por el Señor, el Espíritu» (2 Cor. 3:18).

«El que está sentado en el trono dijo: "Yo hago nuevas todas las cosas". Y añadió: "Escribe, porque estas palabras son fieles y verdaderas" (Apoc. 21:5).

Y justamente a eso vamos a dedicar el resto de este libro, vamos a explorar juntas cómo es ese corazón nuevo que el Señor quiere poner en ti y en mí, mediante Cristo, y por la obra de Su Espíritu y Su Palabra. El primer paso será algo así como un cateterismo, un corazón limpio.

PARA RECORDAR

Todos nacemos con un corazón muerto a causa del pecado.
Solo mediante la obra salvadora de Cristo un corazón muerto puede cobrar vida; yo no lo puedo hacer.
Cristo no puede ser Salvador y no ser Señor, es ambas cosas o no es nada.
Llegar a tener un corazón completamente nuevo es un proceso que vivimos de este lado de la eternidad.

Leer
Salmo 51

Dame Señor un nuevo Corazón, para amarte, para alabarte, para obedecerte, para servirte.

PARA REFLEXIONAR

1. Define con tus palabras por qué nacemos con un corazón muerto.

Por nuestros padres Adan y Eva

2. ¿Consideras que tu corazón es de piedra o de carne? Explica por qué.

Estamos con el corazón de Piedra

3. ¿Qué crees que quiere decir «un corazón nuevo»?

Relación diaria intimo con Dios. para tener un corazón nuevo.

4. Lee 2 Corintios 5:17. ¿Qué implicaciones tiene para tu vida ahora y para tu vida en la eternidad?

2

UN CORAZÓN LIMPIO

Bienaventurados los de limpio corazón, pues ellos verán a Dios.
Mateo 5:8

«La santidad nunca ha sido la fuerza impulsora de la mayoría. Sin embargo, es obligatorio para todo el que quiera entrar al reino».—Elisabeth Elliot

Crecí en una iglesia donde durante muchos años solo cantábamos himnos. Los himnos forman parte de mi herencia espiritual y están bien grabados en mi mente. Me imagino que en parte es porque comencé a escucharlos y aprenderlos cuando mi cerebro todavía estaba muy nuevo y deseoso de almacenar información. Tan bien guardados están ahí que, cuando mis hijos eran pequeños, muchas veces mientras los arrullaba lo hacía con viejos himnos como «Paz, cuán dulce paz», «Oh, qué amigo nos es Cristo», «Porque Él vive», «Cuán grande es Él», entre otros. También, en momentos de mucho dolor y tristeza, he experimentado consuelo a través de las palabras de «Cómo podré estar triste», «A solas al huerto yo voy» y «Sublime gracia».

En dependencia de tu edad, estos títulos pueden serte familiares o totalmente desconocidos, y, aunque este no es el tema del capítulo, me gustaría argumentar que hay una riqueza profunda en la letra de muchos de esos antiguos cantos que hoy forman parte del archivo musical de la iglesia cristiana. ¡Busca conocerlos!

Sin embargo, regresando a aquellos años de la adolescencia, solíamos cantar uno que, aunque me gustaba, siempre me dejaba un tanto desanimada. La letra era como una oración, y tenía uno de los salmos como base. El asunto es que, al cantarlo, yo pensaba cuán lejos estaba de vivir la realidad de aquel canto, y pensaba también en por qué, a pesar de repetir las palabras como mi propia oración, no lograba alcanzar lo que proclamaba.

Esta es la letra del himno:

Señor, ¿quién entrará en tu santuario para adorar?
El de manos limpias y un corazón puro,
Y sin vanidades, que sepa amar.
Señor, yo quiero entrar en tu santuario para adorar.
Dame manos limpias y un corazón puro,
Y sin vanidades, enséñame a amar.[1]

¿Cómo podía yo llegar a la presencia de Dios si mi corazón estaba muy lejos de ser limpio y puro todo el tiempo? ¿Cómo podía entrar en Su santuario si muchas veces había vanidad en mí? ¿Cómo llegar ante el Dios Santo, Santo, Santo, si yo no podía amar siempre como Él me decía que amara?

La verdad es que cantaba la canción con la esperanza de que a la semana siguiente mi corazón fuera mejor, que por fin estuviera libre de vanidades y aprendiera a amar como Dios ama. Ahora sé que no había entendido muchas cosas, algunas ya las mencionamos en el capítulo anterior, otras no; y por eso quiero compartirlas contigo, porque tal vez estás afanada, tratando de limpiar tu propio corazón sin comprender que esa tarea requiere mucho más que esfuerzos humanos para que al final no quedes desanimada y consternada, como me pasaba a mí.

EL SALMO QUE INSPIRÓ EL HIMNO

Como te dije, este himno toma su letra de uno de los salmos, el 24. Muchos creen que este era un salmo que se cantaba durante tiempos de adoración pública. Algunos piensan que se escribió para celebrar la entrada del arca del pacto en Jerusalén, durante el reinado de David. Lo cierto es que si lo leemos detenidamente, encontraremos que el texto nos lleva mucho más lejos. Como poesía, no podemos olvidar que el lenguaje es diferente. La poesía hebrea era muy distinta a la poesía moderna, pero ambas tienen en común el uso de imágenes, metáforas, contrastes, el texto dividido en estrofas, etc. Su autor es el rey David.

Si leemos los dos primeros versículos, observaremos que este canto comienza con una expresión de reconocimiento a Dios como creador, dueño y sustentador de todo.

«Del Señor es la tierra y todo lo que hay en ella, el mundo y los que en él habitan.
Porque Él la fundó sobre los mares, y la asentó sobre los ríos».

David establece claramente la idea de que toda la creación pertenece a Dios, incluyendo a las personas. Sus palabras son un recordatorio de quien está al mando. No importa cuán fuera de control todo parezca, Él sigue siendo Dios, el dueño, el sustentador.

Es entonces, en respuesta a esa idea, a la presencia de un Dios así, grande, majestuoso, creador, sustentador, Señor de todo, que el salmista se hace las siguientes preguntas; estas nos presentan la segunda parte del salmo.

«¿Quién subirá al monte del Señor?
¿Y quién podrá estar en Su lugar santo?» (v. 3).

En los tiempos en que se escribió este salmo, y en los que luego le siguieron, el lugar de adoración se asociaba con Jerusalén, una ciudad asentada sobre un lugar alto, un monte. Sin embargo, el asunto aquí no es cuestión de alpinismo, de quién tiene la habilidad para escalar montañas. Y por eso la segunda pregunta nos aclara en cierto modo la primera. El asunto es quién está calificado para estar ante un Dios Santo, Creador, Señor de todo, ¿quién puede llegar a Su presencia?

Como dijimos, es poesía, y la poesía siempre nos presenta imágenes. Cuando de llegar a Dios se trata, esto es lo que por lo general viene a nuestra mente: Él está en el cielo, que es el lugar de Su trono, y nosotros aquí debajo, en este punto al que llamamos planeta Tierra. ¿Cómo podemos llegar hasta Él, cómo alcanzarlo? En mayor o menor escala, esta pregunta siempre ha intrigado a la humanidad. ¿Cómo puedo llegar a Dios? ¿Qué se requiere de mi parte? Y la realidad es que, desde el punto de vista humano, es la verdadera misión imposible. No tenemos manera de llegar a Dios por nuestra propia cuenta. Así que David responde a esta pregunta a la luz de lo que hasta entonces ellos entendían. Miremos el versículo que sigue:

«El de manos limpias y corazón puro, el que no ha alzado su alma a la falsedad ni jurado con engaño» (v. 4).

Para los judíos la frase «manos limpias» apuntaba claramente a la ley, a la manera en que se relacionaban con Dios. Apuntaba a algo que ellos tenían que hacer. Está vinculado con las acciones. De hecho, la palabra «limpio», que aquí se utiliza también, puede traducirse como «inocente». Es decir, el que ha actuado de manera inocente con relación a los demás. Sin embargo, las manos limpias, es decir, las actitudes correctas no son suficientes. Como dijera Charles Spurgeon: «No bastan las manos limpias si no están ligadas a un corazón puro».[2] Es un asunto del corazón. Subir al monte santo, a la presencia de Dios, requiere un corazón puro. Lo que hacemos es consecuencia de lo que somos. Por eso el pasaje no se queda solo en limpio de manos, sino que nos habla de aquel que tiene un corazón puro.

A veces creemos que la pureza de corazón depende de nosotros, de algo que tenemos que hacer. Asumimos que es cuestión de ir a la iglesia, de cuántos versículos he memorizado, en cuántos eventos participo, cuántas horas paso orando, cuántas buenas obras hago a favor de otros, si pequé o no pequé durante los últimos 10 minutos, ¡pero nada de eso me da un corazón puro! No son cosas malas en sí mismas, ¡al contrario! Sin embargo, por sí solas no cambian mi corazón; lo que yo haga no es suficiente para «subir al monte».

Resulta maravilloso que Jesús se haga eco de estas palabras en el Sermón del Monte, y lo encontramos en el versículo que aparece al inicio de este capítulo: «Bienaventurados los de limpio corazón, pues ellos verán a Dios» (Mat. 5:8). Un corazón limpio, puro, es requisito indispensable para ver a Dios, porque Dios es Santo. Quizá has escuchado la frase «todos los caminos conducen a Roma», pero no todos los caminos conducen a Dios. En los tiempos que vivimos es común escuchar: «Todas las religiones son iguales, todas llevan a Dios. Tú por tu camino y yo por el mío». No es cierto. Eso no es lo que Dios dice. Y más adelante veremos por qué.

Además, el salmo afirma que subir al monte de Dios, llegar a Su presencia, está reservado solamente para aquellos que no han elevado su alma a cosas vanas, a la falsedad o, como han traducido otras versiones con mucha precisión, a los ídolos. El que no ha puesto su confianza en ídolos. ¿Y qué es un ídolo? Todo aquello que reemplace a Dios.

Tal vez, cuando te hablan de ídolos, enseguida piensas en muñecos hechos de madera o de yeso. Pero un ídolo es mucho más que eso. Dijo Juan Calvino que el corazón es una fábrica de ídolos, ¡y tenía razón! El primer ídolo de todos es el «yo», cuando *yo* me creo dueña de mi vida, cuando *yo* me creo capaz, cuando *yo* me creo independiente, cuando *yo* vivo para mí misma; cuando *mi* opinión es la más importante; cuando vivo para *mi* familia, para *mi* carrera, para *mi* comodidad, para *mi* reputación… ¡cuando no he entendido que no soy Dios! El que no ha puesto su confianza en ninguna otra cosa, el que nunca ha hecho un ídolo de nada ni nadie, ¡solo ese puede llegar a Dios! ¿Y quién puede lanzar la primera piedra y decir que está libre de este pecado? ¡Yo no me atrevo! Y me imagino que tú tampoco, porque todos hemos tenido, o tenemos, ídolos de alguna clase.

Pero hay más. El salmo añade que solo puede subir al monte aquel que no miente. Un corazón puro no dice mentiras. Sin embargo... no creo que alguien pueda levantar la mano y decir que no es culpable de este pecado. ¡Imposible!

Así que, cuando leemos estas preguntas nos quedamos tal y como te conté que me sentía yo al cantar aquel himno: desanimadas, desesperanzadas. No hay manera de que podamos escalar el monte, no hay manera de que podamos llegar a Dios. No tenemos manos limpias todo el tiempo, ni es puro nuestro corazón, y muchas veces hemos puesto nuestra confianza en todo tipo de ídolos o hemos hablado engaño. ¿Qué hacer?

Ah, necesitamos el corazón nuevo del que hablamos en el capítulo 1. Necesitamos la obra de Cristo para poder subir al monte, para poder llegar. Mi amiga lectora, deja de intentar limpiarte, deja de intentar seguir tres pasos o los que sean para hacerte más santa o mejor delante del Señor. No puedes, yo no puedo tampoco. ¡Esa es Su obra! De hecho, el mismo David, luego de un tiempo horrible de pecado en su vida, escribió estas palabras que tenemos en el Salmo 51: «Crea en mí, oh Dios, un corazón limpio, y renueva un espíritu recto dentro de mí» (51:10). Un corazón limpio y puro solo es obra de Dios. Cristo hizo la obra. En Su sangre hemos sido lavadas, limpiadas, justificadas, santificadas (1 Cor. 6:11). Por eso podemos decir, como el versículo 5, que hemos recibido la bendición del Señor y la justicia de Su salvación. ¡Ahora podemos llegar a la presencia de Dios, escalar el monte, adorar con libertad! ¡Gloria a Dios!

Entonces, ¿cómo se ve ese corazón limpio, renovado? Sigamos con el Salmo 24.

Un corazón nuevo y limpio es un corazón que busca a Dios cada día (v. 6). Cuando nuestro corazón ha sido transformado por Cristo, cuando ha sido lavado por Su sangre salvadora, nuestros afectos cambian. Lo que antes nos cautivaba, ya no lo hace. La relación con Dios a través de Cristo es una relación que crece, no una que se estanca. Él pone en nosotras el deseo de buscarle, como enseña la Palabra en Filipenses 2:13, y al hacerlo, ocurre eso que llamamos santificación. El Señor nos invita a buscarlo. Salmo 27:8 nos presenta la invitación:

«Cuando dijiste: "Busquen Mi rostro", mi corazón te respondió: "Tu rostro, SEÑOR, buscaré"».

Cristo hombre buscaba el rostro del Padre continuamente. Lo vemos en las narraciones de los Evangelios. Él lo buscaba en la vida cotidiana y también en los momentos difíciles y dolorosos como Getsemaní. No podemos vivir sin buscar el rostro de Dios, lo necesitamos tanto como el oxígeno que respiramos. En Su presencia hay plenitud de gozo, en Su presencia está nuestra satisfacción, en Su presencia está nuestra santificación.

Mientras más busco Su rostro, en oración, más mis deseos se alinean con los del Padre. Mientras más conozco Su Palabra, más conozco Su carácter, y este más se impregna en el mío. Así se va santificando mi corazón. Amiga que me acompañas en estas páginas, es la verdad de Dios la que nos transforma, la que nos santifica, la que limpia cada día nuestro corazón (Juan 17:17). Por eso tenemos que buscar a Dios en Su Palabra. Ser de la generación de los que cada día le buscan con ahínco, con intención.

¿Quiere decir que nunca más pecaremos, que siempre nuestras manos estarán limpias y nuestros corazones puros? No siempre. Habrá cosas que nos ensuciarán porque el pecado todavía nos cautiva en muchas ocasiones. Sin embargo, mira qué palabras tan esperanzadoras encontramos en este versículo:

«Él [Cristo] se entregó por nosotros para rescatarnos de toda maldad y purificar para sí un pueblo elegido, dedicado a hacer el bien» (Tito 2:14, NVI).

Ese es el evangelio que tú y yo necesitamos recordar cada día. ¡Y creer cada día! El corazón viejo, sin Cristo, no puede conocer a

Dios, no puede llegar hasta Él, no puede subir al monte, no puede estar en Su presencia; el corazón nuevo y limpio, regenerado por gracia, sí.

Eso explica las palabras de Jesús en el Sermón del Monte. Un día tendremos la bendición de ver a Dios, cara a cara, porque Cristo limpió con Su sangre nuestro corazón. Y, mientras estemos de paso por aquí, podemos conocerle también porque la gracia ha lavado y purificado nuestro corazón.

Ahora entiendo que al cantar ese himno no tengo que pensar en mí, no soy yo la que tiene que ganarse el mérito de poder llegar al monte para poder entrar al santuario y adorar. ¡Ya Jesús lo hizo!

RECONCILIADAS PARA SANTIDAD

Efesios es uno de mis libros favoritos de la Biblia, por diversas razones. En esta carta, como en muchas otras de las que Pablo escribió, encontramos fundamentos doctrinales y luego su aplicación a la vida cotidiana. Y en cuanto al tema que nos ocupa, la vida en santidad como resultado de un corazón que ha sido limpiado por la obra de Cristo, leemos lo siguiente:

«Porque Dios nos escogió en Cristo antes de la fundación del mundo, para que fuéramos santos y sin mancha delante de Él» (1:4).

Ese versículo nos habla del propósito de nuestra elección. Fuimos escogidas en Cristo, lavadas en Su sangre, para vivir en santidad. En los últimos tiempos, casi a diario, el asunto de la santidad ha estado dando vueltas en mi mente. He estado pensando mucho en esto porque de nada vale que llenemos nuestra cabeza de teología y conocimientos si el corazón no se transforma en el camino. Si una mayor comprensión de quién es Dios y de Su carácter no me lleva a perseguir más la santidad y buscar que mi vida sea más un reflejo de Cristo, todo ese conocimiento es inútil, vano ¡y eso sí lleva al legalismo! Lleva a una falsa apariencia de piedad.

No sé mucho de fútbol americano y siempre me ha parecido un deporte demasiado brutal, pero al tener un hijo varón, nacido en Estados Unidos y a quien le encantan los deportes, he visto algunos juegos y he aprendido un poquito.

Como es sabido, el punto culminante de cada temporada es el famoso evento que rodea al último juego. Desde hace varios años he compartido con amigos esta celebración y, al mismo tiempo, he notado la podredumbre que cada vez destila más del famoso show del medio tiempo. Este año no fui porque estaba realmente cansada y quería aprovechar el domingo para recuperarme. Tampoco vi el show del medio tiempo, pero no habían pasado unos minutos luego de finalizado cuando comencé a ver los comentarios por las redes, por supuesto, unos a favor y otros en contra. Así que decidí buscar un resumen del medio tiempo, y los pocos segundos que vi fueron suficientes.

Tal vez debamos citar un viejo refrán, pero voy a darte mi propia versión: los árboles de manzana no dan naranjas. ¿Qué quiero decir? No podemos esperar otra cosa de un mundo que no tiene a Cristo y que se regodea en el pecado. Es así de sencillo.

Por otro lado, lo que no deberíamos esperar es que quienes siguen a Cristo contemplen este espectáculo como si fuera algo normal. ¿Cómo podemos apoyar, de diversas maneras, tal despliegue de inmoralidad y pecado flagrante? Para hacer pornografía no es necesario que falte la ropa. Todo el mundo sabe muy bien el mensaje que transmite un baile de poste o tubo. Las dos cantantes principales mostraron no solo un show totalmente sexualizado, sino a la mujer como un objeto puramente sexual. Es irónico que, mientras comemos nachos acompañados de una gaseosa, podemos contemplar con campante naturalidad aquello que tanto criticamos.

Ese es el problema. No de los Estados Unidos, no del mundo, como dije, no se puede esperar otra cosa; ese es el problema del pueblo de Dios. No entendemos que adoramos a un Dios Santo. Y la famosa pregunta de la vieja novela da vueltas en mi cabeza, ¿qué haría Jesús? ¿Qué haríamos si Él viniera a sentarse en una silla junto a nosotros? Bueno, ¿sabes qué? Lo está. Si has confiado en Cristo como Salvador de tu vida, ahora Él vive en ti, por medio de Su Espíritu, y donde quiera que tú estés, Él está. Él vive en nosotros. ¿Cómo, entonces, es que no entendemos el llamado a la santidad? ¿Cómo es que podemos justificar todo esto simplemente porque «ahora vivimos en la gracia»? La gracia nunca puede ser una justificación para el pecado. Y mirar algo que sé que Dios detesta es hacerme parte del pecado.

¿Estoy proponiendo que no veamos fútbol? No necesariamente. Esto, en realidad, no solo se aplica a este evento deportivo, sino a toda la vida en general. Tú y yo, que seguimos a Cristo, estamos llamadas a vivir en santidad, a enseñar la santidad a nuestros hijos, a orar por un pueblo que busque la santidad. Esto no es una idea mía. Esto es lo que Dios espera de nosotras, de todos los que llevan Su nombre.

«Como hijos obedientes, no se conformen a los deseos que antes tenían en su ignorancia, sino que así como Aquel que los llamó es Santo, así también sean ustedes santos en toda su manera de vivir.

Porque escrito está: "Sean santos, porque Yo soy santo". Y si invocan como Padre a Aquel que imparcialmente juzga según la obra de cada uno, condúzcanse con temor durante el tiempo de su peregrinación» (1 Ped. 1:14-17).

Para dejar las cosas claras, la «limpieza» para salvación ocurre de una vez y por todas, esa no hay que repetirla. Cuando Dios salva, salva. Cuando recibimos la salvación, Dios también nos ve como santas; ese es nuestro estatus por la obra de Cristo, pero nuestro comportamiento todavía no ha cambiado. Comienza entonces como mencionamos, la santificación, algo que es obra suya, porque nosotras somos incapaces de cambiarnos. Sin embargo, sí estamos llamadas a cuidar de esa obra, a cuidar de nuestro corazón.

¿Recuerdas las arterias obstruidas de mi papá? Bueno, ahora para evitar que eso se repita tiene que ser muy cuidadoso. El cuidado implica ciertos medicamentos, una dieta súper sana y ejercicios diarios. De nada vale el trabajo que hicieron los médicos si él no sigue las instrucciones y cuida de su corazón diligentemente. Lo mismo nos enseña la Palabra de Dios acerca de nuestro corazón espiritual, estamos llamadas a guardarlo, a cuidarlo. Estamos llamadas a vivir en santidad.

¿Qué quiere decir eso? Algunos lo interpretan como mudarse a un lugar apartado, fuera del contacto con la sociedad. Ven el aislamiento como una manera de evitar tentaciones y pecados, como un medio para la santidad. El único gran problema es que el corazón y la mente los acompañarán donde quiera que vayan, y la falta de santidad comienza por nuestro propio corazón, como ya hemos visto. De manera que vivir en santidad no es sinónimo de vivir en soledad y reclusión.

¿Qué es entonces vivir en santidad? Definir la palabra nos puede ayudar a entenderlo.

«El uso bíblico del término "santo" tiene que ver principalmente con que Dios separa del mundo lo que Él elige consagrar para sí. A medida que el plan redentor divino se iba develando en el AT, lo "santo" comenzó a ser asociado con el carácter del pueblo separado por Dios en cumplimiento de la ley revelada. Cuando se cumplió el tiempo para concretar la obra salvadora de Jesucristo, el pueblo redimido comenzó a ser conocido como "los santos". La cruz lo hizo posible al inaugurar el cumplimiento de las enseñanzas preparatorias del AT sobre lo santo y abrir el camino para que el Espíritu Santo de Dios morara en Su pueblo».[3]

De modo que vivir en santidad es vivir una vida que busca reflejar el carácter de Dios, mi deleite es agradarle, obedecer Sus estándares, Su diseño. ¿Y dónde podemos conocer los estándares de Dios, dónde nos revela Él quién es y lo que le agrada, lo que detesta, lo que es pecado? ¡Exacto, en Su Palabra! Vivir en santidad es vivir inmersas, llenas de la Palabra. Salmos 119:11 nos dice: «En mi corazón he atesorado Tu palabra, para no pecar contra Ti». Es la medicina preventiva que nos protegerá.

SANTIDAD Y CONFESIÓN DE PECADOS

No sé qué viene a tu mente cuando escuchas la frase «confesar tus pecados». Es posible que la asocies con ciertas prácticas religiosas. Sin embargo, lo que la Biblia enseña sobre el tema es muy diferente y tiene mucho que ver con la salvación, como ya vimos, y también con la santidad delante de Dios. Tal vez deba aclarar que el único que perdona pecados es Dios; de modo que esto se hace directamente con Él. No necesitamos intermediarios porque tenemos a Cristo (1 Tim. 2:5).

Vivir en santidad también es hacer de la confesión de pecados una práctica cotidiana. Quizá te preguntes por qué tenemos que hacer esto si ya Cristo nos perdonó todos nuestros pecados. Pues exactamente porque estamos en este proceso de santificación, porque seguiremos luchando con el pecado hasta que lleguemos a la eternidad. Confesar nuestros pecados es un reconocimiento de quiénes somos y quién es Dios. Es admitir que necesitamos de Él para agradarle porque somos incapaces, porque nuestro corazón es engañoso y perverso, y aunque ya el pecado no tiene poder sobre nosotras, todavía nos cautiva. Confesar nuestros pecados nos permite mantener la comunión con Dios y con nuestra familia de la fe. Cuando dejamos de hacerlo, nos enfermamos por dentro; aunque no nos demos cuenta, estamos sufriendo, hay ansiedad. Esta realidad la experimentó el rey David. Mira lo que escribió:

«Mientras callé mi pecado, mi cuerpo se consumió con mi gemir durante todo el día» (Sal. 32:3).

¿Has estado ahí alguna vez? ¿Estás ahora mismo? Tal vez sea con Dios o con alguna persona. Sabes que hay algo que necesitas confesar, pero no te atreves... ¡y la angustia te consume por dentro! No lo demores más.

Dejar de confesar nuestro pecado es peligroso porque endurece nuestro corazón, nos insensibiliza, y lo que ayer veíamos como pecado, poco a poco va dejando de serlo ante nuestros ojos. La buena noticia es que, a pesar de nuestro pecado, tenemos un Dios bueno que está pronto a darnos Su perdón; no porque lo merezcamos, sino porque Él es fiel y es justo.

Cuando Juan escribió su primera carta, la dirigió a cristianos. Esta carta fue escrita para nosotros, la Iglesia, en aquel entonces y ahora también. Y es en esa primera carta que encontramos este pasaje:

«Si confesamos nuestros pecados, Él es fiel y justo para perdonarnos los pecados y para limpiarnos de toda maldad» (1 Jn. 1:9).

¿Sabes lo que escribió David en ese mismo Salmo 32 que citamos antes? «¡Cuán bienaventurado es aquel cuya transgresión es perdonada, cuyo pecado es cubierto!» (v. 1). Ese es el resultado de la confesión, un corazón esperanzado, alegre... ¡bienaventurado!

Confesar nuestros pecados es alcanzar misericordia de Dios. A lo largo de toda la Biblia encontramos ejemplos de esto, tanto colectivos como individuales. Una y otra vez el pueblo de Israel se iba tras otros dioses, desobedecía, pecaba de mil maneras. Sin embargo, regresaban a Dios, confesaban su pecado, y Él, siendo el Dios paciente que es, les extendía misericordia.

En el libro de Proverbios encontramos esta verdad que da aliento y esperanza a nuestro corazón: «El que encubre sus pecados no prosperará, pero el que los confiesa y los abandona hallará misericordia» (Prov. 28:13).

Y, por último, confesar nuestros pecados no solo es una cuestión vertical, en nuestra relación con Dios, sino también lo es horizontal, en nuestra relación con los demás. El apóstol Santiago lo expresa así: «Por tanto, confiésense sus pecados unos a otros, y oren unos por otros para que sean sanados...» (Sant. 5:16). Esto es mucho más fácil decirlo, o escribirlo, que practicarlo, ¿verdad? Una de las razones es el orgullo que nos caracteriza. Pero no quiero ahondar en ese tema ahora, pues lo veremos más adelante. Por lo pronto es importante que entendamos que vivir en santidad requiere que yo confiese mi pecado a otros: que reconozca ante esa persona si le he herido u ofendido, y pida perdón. Estas palabras de John Piper lo resumen muy bien:

«En la vida normal del cristiano, la honestidad, la veracidad y la pureza de corazón implican un reconocimiento y confesión de pecado continuos ante las personas indicadas en nuestra vida».[4]

Amiga lectora, un corazón limpio, que vive en santidad, es un corazón que confiesa su pecado y no lo encubre.

Antes de terminar, es difícil escribir un capítulo sobre este tema y no hablar de Proverbios 4:23. «Con toda diligencia guarda tu corazón, porque de él brotan los manantiales de la vida». Me gusta también como lo tradujeron en esta otra versión: «Sobre todas las cosas cuida tu corazón, porque este determina el rumbo de tu vida» (NTV). No voy a detenerme mucho en el tema porque ya lo hablamos en otro libro *(Una mujer sabia)*; sin embargo, quiero señalar algo. Una de las variantes para traducir la palabra hebrea *natsar*, que en nuestras Biblias aparece como «guarda o cuida», es «vigilar».

Un corazón limpio, santo, es un corazón que se vigila. ¿Qué quiero decir con esto? Observar nuestros sentimientos, nuestras actitudes, cómo reaccionamos ante las diversas situaciones de la vida. Todas esas cosas son un reflejo de lo que está guardado dentro de nuestro corazón. El Espíritu se encargará de revelarnos la basura que escondemos, prestemos atención. Todo lo que allí se guarde, determinará lo que en verdad somos. Ese es el tema que veremos a continuación.

PARA RECORDAR

Es imposible llegar a la presencia de Dios por nuestros propios méritos.

Un corazón limpio es la obra de Cristo en la salvación, y también Su obra en la santificación del creyente.

Mientras más conozca de Dios, al pasar tiempo en Su presencia en oración y en la Palabra, con la ayuda del Espíritu Santo, más conoceré de Su carácter, y así se transformará el mío.

Fui reconciliada con Dios, mediante Cristo, para vivir en santidad.

Un corazón limpio practica la confesión de pecados.

PARA REFLEXIONAR

1. Lee Salmo 15. ¿Qué ideas encuentras similares aquí a Salmo 24? ¿Cómo Cristo fue el cumplimiento de lo que lees en este salmo?

2. Luego de haber leído este capítulo, define con tus palabras lo que significa la santidad. ¿Por qué la santidad es necesaria para el creyente? Lee Hebreos 12:14, 2 Corintios 7:1, 1 Tesalonicenses 4:7.

3. ¿Cómo se produce la santidad en la vida del creyente? Consulta 1 Tesalonicenses 3:13, 1 Corintios 1:8.

4. ¿Qué aprendiste sobre la práctica de confesar nuestros pecados? ¿Cómo el hacerlo o no hacerlo afecta nuestro caminar con el Señor?

3

LA ABUNDANCIA DEL CORAZÓN

... Jesús les decía: «Escuchen todos lo que les digo y entiendan: no hay nada fuera del hombre que al entrar en él pueda contaminarlo; sino que lo que sale de adentro del hombre es lo que contamina al hombre».
Marcos 7:14-15

«La lección más difícil de la vida cristiana es aprender a continuar "contemplando como en un espejo la gloria del Señor..."».—Oswald Chambers

Dicen algunos que somos aquello que comemos, y tienen razón en buena medida. Eso explica la obsesión que estamos viendo con los alimentos orgánicos, restaurantes que anuncian un menú «de la granja a la mesa», suplementos dietéticos 100 % naturales, muchos que escogen una dieta vegana, otros prefieren la vegetariana, y aquellos que insisten en que solo bebamos agua. La motivación en ocasiones es la salud, evitar enfermedades relacionadas con alimentos dañinos y sumamente procesados. En otros casos se añade el factor belleza, tener una piel lozana o al menos que no luzca los años que ya acumula.

La verdad es que es sabio cuidar de nuestro cuerpo; tener una dieta saludable. Eso nunca le hará daño a nadie y dará muchos beneficios. Pero es difícil. Cuando nuestro cuerpo se ha adaptado luego de muchos años a los azúcares refinados, las cantidades grandes de carbohidratos, las comidas sazonadas con abundante sal, los alimentos fritos, los embutidos… ¡cuesta demasiado acostumbrarlo a una dieta diferente! Te lo digo por experiencia propia. En mi mente la idea de comer saludable suena cautivadora y estupenda, y por unos pocos días me resulta relativamente fácil. Sin embargo, no pasa mucho tiempo antes de que tenga deseos increíbles de comer pan, pero no integral. Me refiero a un baguette calientito o un pan cubano recién horneado (¡mi nacionalidad explica eso último!). Ninguno de los dos califica en la lista de panes saludables. Y esto solo por poner un ejemplo. Podría muy bien mencionarte que me encanta todo lo frito, ¡esa es mi manera preferida de comer algunos vegetales! Además, podría añadir que me encanta la Coca Cola y que, aunque también tomo agua, no puedo concebir comer pizza sin un vaso de ese refresco que es pura azúcar, pero que atrae multitudes.

Lo mismo podríamos decir de los ejercicios. ¿Sabes qué es lo que más se vende en el mes de enero en las tiendas de los Estados Unidos? ¡Artículos relacionados con hacer ejercicios! Ya sea ropa, equipos, zapatos… ¡y hasta los gimnasios ofrecen precios especiales en las inscripciones! La razón es muy sencilla. Empieza un año nuevo y muchos quieren un nuevo estilo de vida, más saludable. ¡Tratar por fin de rebajar esos kilos que luego de las celebraciones navideñas se sienten más! Así que se compran ropa deportiva, se matriculan en el gimnasio y comienzan la trayectoria… hasta que llega febrero. Entonces el impulso poco a poco se va perdiendo, el entusiasmo desaparece y la ropa y la tarjeta del gimnasio terminan abandonadas en algún rincón.

¿Por qué es tan difícil? ¿Por qué prefiero una galleta de soda a una manzana? ¿Por qué me cuesta tanto crear el hábito de hacer ejercicios, aunque sea 30 minutos al día? Porque mi cerebro y mi cuerpo están acostumbrados a eso, es la dieta y el estilo de vida que les he suministrado durante muchos años y ahora el cambio es doloroso, lento y requiere mucho esfuerzo de mi parte. Sin embargo, ¡es necesario si quiero que mi médico me diga que todo está bien en el próximo chequeo! Al menos, en lo que de mí dependa. Está claro que en este mundo caído estamos sujetos a enfermedades que, a pesar de nuestras dietas y cuidados, nos atacan.

Ahora bien, este libro no es de nutrición ni nada semejante, pero comencé hablándote de esto porque hay una gran similitud entre lo que sucede con nuestro cuerpo y lo que sucede con nuestro ser espiritual. Así como el cuerpo es en gran medida aquello de lo que lo alimentamos, así como nuestra piel muestra si la hidratamos con agua o no, y nuestros músculos muestran si los ejercitamos o no, también nuestro corazón espiritual es el producto de aquello que lo llena… y así lucirá nuestra vida. Lo que de verdad nos contamina y nos daña es lo que sale de adentro, lo que abunda en nuestro corazón.

¿QUÉ ES LO QUE ABUNDA EN MÍ?

Los fariseos eran un grupo religioso muy prominente en el tiempo de Jesús. Ellos vivían sumamente preocupados por cumplir con las reglas de la ley de Moisés, y las que ellos mismos habían añadido. Para este grupo las leyes transmitidas por tradición oral eran de igual importancia a la Ley escrita. Esa era una de las razones por las cuales se enfrentaban a Jesús. Los fariseos se consideraban superiores a los demás y denigraban a todos los que no fueran parte de su grupo. De hecho, su nombre significa «los separados». En los distintos Evangelios los encontramos tratando de cuestionar a Jesús y sus enseñanzas y no es de extrañar que quisieran acabar con Él.

Así que un día, luego de uno de esos encuentros donde los fariseos cuestionan a Jesús y a Sus discípulos por no lavarse las manos antes de comer, Él hace esta declaración:

«Llamando de nuevo a la multitud, Jesús les decía: "Escuchen todos lo que les digo y entiendan: no hay nada fuera del hombre que al entrar en él pueda

contaminarlo; sino que lo que sale de adentro del hombre es lo que contamina al hombre. Si alguno tiene oídos para oír, que oiga"» (Mar. 7:14-16).

Jesús sabía qué motivaba a los fariseos, podía ver sus corazones, lo que había dentro. Me pregunto si en cierto modo a veces somos como ellos, si nos preocupamos mucho más por todo lo de afuera, por nuestra dieta, por nuestros ejercicios, por la limpieza de la casa o la higiene de las manos y descuidamos aquello que en verdad nos enferma, lo que nos mata el corazón. No me malentiendas, ya establecimos que esas cosas tienen su provecho, ¡pero no son de trascendencia eterna! Mujer que lees estas páginas, creo que es necesario que consideremos, ¿qué abunda en mi corazón? ¿De qué lo estoy llenando? ¿Qué es lo que cautiva mi corazón y determina mis acciones?

En un pasaje bastante conocido de los Evangelios, Jesús nos advierte que aquello que atesoremos, lo que más valoremos, determinará el afecto de nuestro corazón: «Porque donde esté el tesoro de ustedes, allí también estará su corazón» (Luc. 12:34). Y en otro pasaje, también conocido, habla de la «abundancia del corazón» (Mat. 12:34) y su efecto en nuestro hablar. Me gustaría que exploráramos un poco esta palabra que Cristo usó para hablar del corazón: abundancia.

Viene del griego *perisseuma* y una primera acepción es precisamente *abundancia*. Una segunda acepción es *lo que llena el corazón*, en lo que uno se deleita. Deja que esa idea se procese un rato en tu mente. Mi vida, ya sea en acciones o palabras, refleja aquello en lo que mi corazón se deleita. ¿Qué quiere decir me deleito en algo? Que lo admiro, que me maravilla, que me complace, me entusiasma, me agrada, me satisface, me gusta.

Si fuéramos a parafrasear el texto usando todos sus significados, quedaría más o menos así: Porque aquello que admiro y me maravilla, aquello que me complace, me agrada y satisface, es de lo que hablo y es el tesoro de mi corazón.

Las palabras de Jesús son tan puntuales hoy como lo fueron en aquella conversación con los fariseos y, mi querida lectora, en un corazón nuevo abundan cosas diferentes a las que antes teníamos. Hemos visto que Cristo nos regala un corazón nuevo mediante Su obra de salvación y santificación. Hemos hablado de lo importante que es cuidar la limpieza de nuestro corazón. Pero también es crucial que vigilemos de qué lo estamos llenando. Cabe entonces preguntarnos, ¿qué es lo que admiro? ¿Qué me hace maravillarme? ¿En qué hallo complacencia y satisfacción? ¿Qué deleita mi corazón; qué abunda en él?

Un adagio popular dice que nos convertimos en aquello que contemplamos, y es cierto. ¡Hasta la Biblia lo confirma! Ven conmigo a 2 Corintios 3:18.

«Pero todos nosotros, con el rostro descubierto, contemplando como en un espejo la gloria del Señor, *estamos siendo transformados en la misma imagen de gloria en gloria, como por el Señor, el Espíritu»* (énfasis añadido).

En ese «todos nosotros» estamos tú y yo que ahora caminamos de la mano de Jesús. Ya no hay un velo que nos impida verle, porque el velo ha sido quitado y nuestros ojos han sido abiertos a Su salvación. Por la obra del Espíritu Santo podemos contemplar al Señor, aunque no sea cara a cara por ahora, y ser transformadas, a Su imagen, tal y como Él lo diseñó desde el comienzo. Sin embargo, muchas veces nuestra mirada se desvía, y nuestros ojos comienzan a contemplar muchas otras cosas, y el corazón empieza a admirar y a deleitarse no en lo que nos transforma a esa imagen, sino lo que la distorsiona.

¿Qué es lo que más contemplamos? ¿Qué nos cautiva la mirada, y luego el corazón? ¿En qué me estoy deleitando? La manera en que respondamos esa pregunta, con toda sinceridad, revelará lo que abunda en nuestro corazón. Si lo que más contemplo es el mundo que me rodea, el mundo que me rodea inundará mi corazón con sus falacias. ¡Y por ese camino iremos, y de ese camino hablaremos! Porque nuestro corazón, perverso por naturaleza, tiene deseos engañosos.

¿A QUIÉN ME PAREZCO MÁS? 

Cuando alguien conoce a mis hijos, casi siempre me dice: «La niña se parece mucho a su papá, y el varón se parece más a ti». Claro, siempre hay quien dice lo contrario. En mi familia varios me han dicho que camino igual a una de mis bisabuelas, a la que no conocí. Mi esposo, por su parte, camina igualito a su papá. La realidad es que la genética juega un papel increíble cuando de parecidos se trata. Sin embargo, hay muchas cosas más que influyen en aquello que somos. El ambiente en que crecemos, por ejemplo, también es un factor crucial.

Recuerdo que de niña escuché muchas veces esta frase: «Lo malo se aprende rápido» o «los malos hábitos se pegan enseguida». Y, con el paso de los años, he llegado a la conclusión de que así es. Pero lo opuesto también sucede. Cuando pasamos tiempo con una persona que ríe mucho, el sentido del humor se nos despierta. En cambio, si compartimos más con alguien gruñón y enojadizo… ¡ya sabemos la respuesta! No por gusto la Biblia habla de que las malas conversaciones corrompen las buenas costumbres. Terminaremos pareciéndonos mucho a aquella persona con quien pasemos más tiempo.

¿Adónde quiero llegar con todo esto? Bueno, si consideramos lo que hasta ahora hemos visto, podemos entonces preguntarnos: ¿a quién me parezco más? Y no me refiero a parecidos físicos, sino más bien a aquello en lo que la genética no tiene voz ni voto. Me refiero a nuestro corazón.

Si aquello en lo que me deleito, lo que contemplo, ejerce un papel determinante en lo que llena mi corazón, y por tanto lo que soy, entonces, para parecerme a Jesús, para que mi corazón sea transformado por Él, ¡necesito pasar mucho tiempo con Él! Y eso no sucede tan solo por asistir al culto el domingo…. ¡ni siquiera por ir varias veces por semana! Tampoco lo lograré escuchando pódcasts o la radio cristiana, ni viendo videos en YouTube, aunque sean sermones muy buenos. No será leyendo el último libro sobre crecimiento espiritual ni aprendiéndome un montón de canciones. Sí, todas esas cosas pueden ayudarme en mi caminar cristiano, pero no transformarán mi corazón para que sea más semejante al de Cristo.

Parecerme a Cristo es un proceso que ocurre en lo secreto, como Él mismo lo llamó. En ese lugar de intimidad donde nadie más interviene; allí donde nos encontramos y dejamos que Su Palabra penetre el corazón y nos hable, aunque no haya voz audible. Ese parecido es la obra de Su Espíritu en nosotros, que poco a poco comienza a borrar el yo para reflejarlo a Él. A diferencia de nuestros parecidos genéticos, sobre los cuales no tenemos ningún control, parecernos a nuestro Señor dependerá en buena medida de cuán dispuestos estemos a dejarle esculpir Su imagen sobre nosotros. Para parecernos a Él tenemos que rendirnos de manera total, completa, sin reservas. Parecerme a Cristo es entender lo que dijera Juan el Bautista, dejar que Él crezca y que yo disminuya en importancia. Entender como Pablo que ya no vivo yo, ahora es Él quien vive en mí.

Los años pasan y nuestros rostros cambian. ¿Te has fijado que en la vejez muchos comienzan a parecerse todavía más a sus padres o sus abuelos? Es como que los genes que tenemos en común con nuestros ancestros se revelan más aun. Esa también debe ser la meta en nuestro caminar con Jesús; que a medida que los años pasen, cuando alguien nos mire, converse con nosotros y nos vea actuar, pueda percibir que hemos vivido junto al Maestro, a Sus pies.

Los deseos de mi corazón

Algo que también refleja lo que abunda en nuestro corazón son nuestros deseos. ¡Y los míos son tantos! Así que hace unos años, mientras repasábamos con nuestros hijos este versículo, otra vez me puse a meditar en los deseos de mi corazón.

«Confía en el SEÑOR y haz el bien; establécete en la tierra y mantente fiel. Deléitate en el SEÑOR, y él te concederá los deseos de tu corazón» (Sal. 37:3-4, NVI).

Recuerdo cuando era una adolescente y leía este versículo, pensaba que si hacía todo lo que le agradaba a Dios, Él me daría todo lo que yo anhelara en mi corazón. No había entendido el evangelio de la gracia, vivía en el evangelio de las obras. Lo triste es que los años pasan y a menudo nos vemos tentadas a pensar de la misma manera. Dios, como el genio de la lámpara maravillosa, me concederá los deseos de mi corazón. ¿Y acaso no es eso lo que tanto escuchamos ahora? «Confiésalo y será tuyo». Y ahí puedes incluir un carro, la casa nueva y grande, el trabajo, los millones y quién sabe cuántas cosas más. Pero, ¿es eso lo que dice el pasaje; eso lo ha prometido Dios?

En su libro *El tesoro de David*, Charles Spurgeon escribió: «Los hombres que se deleitan en Dios desean o piden solo aquello que agrade a Dios; por tanto, es seguro darles carta blanca. Su voluntad está sometida a la voluntad de Dios y por ende reciben lo que quieren. Aquí se habla de nuestros deseos más íntimos, no deseos casuales; hay muchas cosas que la naturaleza podría desear que la gracia nunca nos permitiría pedir; es para estos deseos profundos, cargados de oración, que se hace la promesa».[1]

¿Te fijaste en la primera oración de esa cita? Quienes se deleitan en Dios desean solo aquello que agrada a Dios. ¿Es eso lo que abunda en mi corazón? ¿Un deseo profundo de conocer más a Dios al punto de que Sus deseos sean los míos? ¿Son mis deseos casuales, cosas temporales en las que hoy pienso y mañana ya no tienen importancia? ¿Están mis deseos enfocados en la gloria de Dios o en la mía?

Cuando mis ojos están fijos contemplando al mundo, mi corazón comienza a tener deseos pecaminosos y egoístas; deseos de los que habla Santiago en su carta, los que quedan insatisfechos porque tienen una motivación errónea. Cuando mis ojos contemplan lo que el mundo ofrece, mi corazón abunda en placeres temporales porque el mundo no ofrece nada eterno. Mira cómo lo describe el apóstol Juan:

«Pues el mundo solo ofrece un intenso deseo por el placer físico, un deseo insaciable por todo lo que vemos, y el orgullo de nuestros logros y posesiones. Nada de eso proviene del Padre, sino que viene del mundo» (1 Jn. 2:16, NTV).

¿Qué estamos contemplando; qué es lo que nos deleita? ¿Dónde ponemos la mirada cada día, al levantarnos, al interactuar con las redes sociales que nos presentan un mundo muchas veces ficticio y editado, pero que nos causa envidia y celos porque no tenemos lo que allí se ve? ¿A dónde acuden nuestros ojos en busca de consuelo y esperanza? ¿Será a la Palabra de Dios o será a algún espejismo cautivador que parece llenar el corazón momentáneamente para luego dejarlo sediento y vacío? ¿Dónde ponemos la mirada cuando el sufrimiento toca a la puerta y nos trastorna la vida? Nos convertimos en aquello que contemplamos, nuestro corazón abunda en aquello que lo deleita.

¡Contemplemos a Cristo! Esa es la exhortación que nos hace la Biblia y la que debemos repetirnos cada día. ¡Contémplalo a Él! Pablo se los recordó a los cristianos colosenses y nos lo recuerda a nosotras hoy:

«Si ustedes, pues, han resucitado con Cristo, busquen las cosas de arriba, donde está Cristo sentado a la diestra de Dios. Pongan la mira en las cosas de arriba, no en las de la tierra. Porque ustedes han muerto, y su vida está escondida con Cristo en Dios» (Col. 3:1-3).

Amiga lectora, hemos resucitado con Él, nos ha dado un corazón nuevo. ¡No quites los ojos de Jesús! No escuches el canto de la sirena que solo quiere hacer naufragar el barco de tu vida. ¡Nos convertimos en lo que contemplamos! ¡De la abundancia del corazón depende nuestra vida! ¿Qué lo está llenando? Tenemos que ser intencionales al escoger dónde poner la mirada, de qué llenar el corazón, en qué deleitarnos.

Como ya sabes, me gustan los himnos antiguos, y mientras escribía este capítulo uno de ellos volvió a mi mente:

Pon tus ojos en Cristo,
tan lleno de gracia y amor.
Y lo terrenal sin valor será,
a la luz del glorioso Señor.[2]

MI TESORO

Hace unos años estábamos de vacaciones en la playa y salí temprano una mañana con mi hija a buscar caracoles. El sol ya calentaba, las olas tranquilas llegaban a la orilla y nos regalaban ese sonido que tanto me gusta. Junto a nosotras había unos pocos bañistas y, mientras nos inclinábamos a recoger las conchas, por nuestro lado pasaban otros que prefieren esa hora del día para correr y hacer ejercicios. Recogimos varios caracoles, los enjuagamos, nos mojamos los pies en el agua tibia del golfo y regresamos a nuestra casa temporal.

Durante el día yo pensé varias veces en otras personas que también vi en la playa esa mañana. Caminaban despacio, de un lado a otro, buscando en la arena algo de valor con un detector de metales. Pensé en ellos y también en nosotras, en mi hija y yo caminando muy temprano, un día de vacaciones, en busca de lindos caracoles o algún otro regalo que el mar hubiera traído. Y pensé en mi vida cotidiana, en cuántas veces lucho para salir de la cama en busca de un tesoro de otra índole, algo de mucho valor que Dios nos prepara cada día si tan solo hacemos el tiempo de buscarlo.

David, el rey cantor de Israel, entendió que hay algo muy valioso al buscar a Dios temprano en la mañana:

«Oh Señor, de mañana oirás mi voz; de mañana presentaré mi oración a Ti, y con ansias esperaré» (Sal. 5:3).

«Pero yo, a Ti pido auxilio, Señor, y mi oración llega ante Ti por la mañana» (Sal. 88:13).

No quiere decir que Dios no nos escuche en otro momento del día, pero sí marca la diferencia llenar nuestro corazón muy temprano en la mañana con el consejo de Dios; estar a solas con Él, poner en Él la mirada. Él es el tesoro más grande. Y le pido en oración que mi anhelo por conocerle y deleitarme en Su presencia crezca cada día. Sí, hay muchas otras cosas buenas que me causan deleite, como escribir estas palabras, pero nada puede compararse al tesoro de pasar tiempo con Él.

El día en que recogí caracoles con mi hija en realidad el mayor tesoro que me llevé fue el tiempo que pasé con ella, la alegría de ver sus ojos iluminarse cuando encontraba una concha especial. Y, sobre todo, escuchar sus palabras al final: «Mami, gracias por venir conmigo a buscar caracoles». Fue el tiempo que pasamos juntas lo que hizo de la experiencia un recuerdo que atesoraré por años.

Quizá el asunto está en que no hemos entendido la magnitud del tesoro que tenemos en Cristo. ¿Recuerdas la historia que Jesús contó sobre tesoros y perlas? Se nos narra en Mateo 13:44-46.

«El reino de los cielos es semejante a un tesoro escondido en el campo, que al encontrarlo un hombre, lo vuelve a esconder, y de alegría por ello, va, vende todo lo que tiene y compra aquel campo.

El reino de los cielos también es semejante a un mercader que busca perlas finas, y al encontrar una perla de gran valor, fue y vendió todo lo que tenía y la compró» (44-46).

Estos dos hombres eran buenos inversionistas. En ambos casos decidieron que el hallazgo, un tesoro y una perla preciosa, eran lo suficientemente valiosos como para vender todo e invertir en lo que habían encontrado. Nada más se comparaba con esto que ahora poseían. Y cuando Cristo narra esta historia, está hablando de Su reino, de sí mismo. ¿Estamos conscientes del tesoro que ahora poseemos? Ninguna joya que tengas en un cofre, ningún capital que guardes en un banco puede compararse al tesoro de conocer a Cristo y tenerle en nuestra vida. Todo lo demás es pasajero, puede perder valor, te lo pueden quitar o, simplemente, se quedará en este mundo terrenal. ¡Cristo es eterno!

¿Cuál es mi verdadero tesoro? ¿Es Cristo? ¿O es Cristo y algo más? Cristo y mi familia, Cristo y mis logros, Cristo y mi ministerio, Cristo y mi estabilidad económica, Cristo y… Sí, mi familia es uno de mis mayores regalos; y también amo lo que hago. Pero ambas cosas, por solo poner un ejemplo, son añadiduras, algo que Dios en Su gracia y misericordia ha permitido en mi vida; pero ninguna puede darme salvación ni convertirse en eternidad. Lo que consideremos un tesoro tendrá toda nuestra atención y, por tanto, llenará nuestro corazón, controlará nuestra vida.

ABUNDEMOS EN ESTO

Ahora que ya hemos hablado de lo que implica la abundancia del corazón, sería bueno considerar algunos pasajes que expresan claramente aquellas cosas que, sin dudas, deben abundar en nosotras. Y, antes de hacerlo, no puedo dejar de repetir que cada una de ellas es resultado de la obra de Cristo mediante Su Espíritu Santo. Solo Él puede producir en nosotras el deseo de llenar nuestro corazón de aquello que le agrada, y hacerlo abundar allí.

Abundar en la Palabra de Dios: «Que la palabra de Cristo habite en abundancia en ustedes…» (Col. 3:16).

Abundar en amor: «Que el Señor los haga crecer y abundar en amor unos para con otros, y para con todos…» (1 Tes. 3:12).

Abundar en virtudes: «Por esta razón también, obrando con toda diligencia, añadan a su fe, virtud, y a la virtud, conocimiento; al conocimiento, dominio propio, al dominio propio, perseverancia, y a la perseverancia, piedad, a la piedad, fraternidad y a la fraternidad, amor. Pues estas virtudes, al estar en ustedes y al abundar, no los dejarán ociosos ni estériles en el verdadero conocimiento de nuestro Señor Jesucristo» (2 Ped. 1:5-8).

Abundar en la obra del Señor: «Por tanto, mis amados hermanos, estén firmes, constantes, abundando siempre en la obra del Señor, sabiendo que su trabajo en el Señor no es en vano» (1 Cor. 15:58).

Abundar en buenas obras: «Y Dios puede hacer que toda gracia abunde para ustedes, a fin de que teniendo siempre todo lo suficiente en todas las cosas, abunden para toda buena obra» (2 Cor. 9:8).

Abundar en generosidad: «Ahora quiero que sepan, amados hermanos, lo que Dios, en su bondad, ha hecho por medio de las iglesias de Macedonia. Estas iglesias están siendo probadas con muchas aflicciones y además son muy pobres; pero a la vez rebosan de abundante alegría, la cual se desbordó en gran generosidad» (2 Cor. 8:1-2, NTV).

Abundar en gratitud: «Arraigados y sobreedificados en él, y confirmados en la fe, así como habéis sido enseñados, abundando en acciones de gracias» (Col. 2:7, RVR1960).

Abundar en conocimiento y discernimiento verdaderos: «Y esto pido en oración: que el amor de ustedes abunde aún más y más en conocimiento verdadero y en todo discernimiento, a fin de que escojan lo mejor, para que sean puros e irreprensibles para el día de Cristo» (Fil. 1:9-10).

Si nuestro corazón está lleno de todo esto, si eso es lo que allí abunda, nuestra vida así lo reflejará. Por eso es crucial vigilar dónde estamos poniendo la mirada, qué estamos contemplando, dónde está nuestro deleite. Un corazón nuevo abunda en aquello que solo el Espíritu de Dios puede producir. ¡Que nuestro corazón abunde cada vez más en todo lo que sea para alabanza de la gloria del nombre de Jesús!

PARA RECORDAR

Mi vida refleja aquello en lo que mi corazón se deleita.

Tenemos que ser intencionales al escoger dónde poner la mirada, de qué llenar el corazón.

Si realmente quiero parecerme a Jesús, ¡necesito pasar mucho tiempo con Él!

Un corazón nuevo abunda en aquello que solo el Espíritu de Dios puede producir.

PARA REFLEXIONAR

1. Si tuvieras que hacer un inventario de aquellas cosas que más contemplas, en las que más te deleitas, ¿qué aparecería en la lista? ¿Qué crees que dice esa lista acerca de tu corazón?

2. ¿Cómo lo que contemplo afecta mi corazón? Piensa en algunos ejemplos.

3. Lee nuevamente Colosenses 3:1-3. Este pasaje contiene indicativos, es decir, declaraciones, e imperativos, mandamientos. ¿Cuáles son los indicativos? ¿Qué se deriva entonces de ellos, es decir, cuáles son los mandamientos consecuentes?

4

UN CORAZÓN NO DIVIDIDO

Y Él le contestó: «Amarás al Señor tu Dios con todo tu corazón, y con toda tu alma, y con toda tu mente».
Mateo 22:37

«Dios ama el corazón quebrantado, no el corazón dividido».—Thomas Watson

Mi abuela paterna fue la primera persona que Dios usó para hablarme de Cristo cuando yo era muy niña. La situación familiar en aquel momento estaba bastante tensa, y las pláticas con mi abuela ocurrían a escondidas porque mis padres, por razones diferentes, no lo permitían. Sin embargo, ella decidió correr el riesgo porque quería compartir conmigo su mayor tesoro: Cristo.

Como yo pasaba mucho tiempo en su casa, y uno de sus hermanos era pastor y evangelista, crecí rodeada de Biblias, libros cristianos, conversaciones acerca del evangelio. Crecí viendo a mis abuelos sentarse juntos a orar. Veía a mi abuela subrayar el folleto de su clase de escuela dominical fielmente cada semana mientras se preparaba para enseñar. Todavía conservo su última Biblia. Está llena de marcas, y las hojas delatan a alguien que las leyó una y otra vez.

A simple vista, esto no parece extraordinario. Solo que falta un detalle: ninguna de estas cosas era normal en el país donde yo crecí.

Ser cristiano en aquellos años implicaba una etiqueta que te convertía en un ciudadano de segunda clase. Ser cristiano cerraba puertas y provocaba desprecios. Ser cristiano era un estigma. No obstante, la puerta de la casa de mis abuelos declaraba sin tapujos: Solo Cristo salva. Era un letrero de metal que anunciaba a los que llegaran a quién pertenecía aquel hogar y, al mismo tiempo, se convertía en un faro de esperanza en medio de una sociedad que repetía sin cesar: «Dios no existe».

Mi abuela sembró en mí la semilla de la Palabra de Dios. Oraba conmigo cuando yo todavía no sabía orar, y luego oraba por mí. Y no solo por mí, también por otros familiares, sin descanso. En mi caso ella sabía que, aunque me llevara a la iglesia o que asistiera luego sola, aunque me leyera historias bíblicas y me explicara el evangelio, solo Cristo salva. ¡Y yo necesitaba salvación!

Cuando los años de la adolescencia llegaron, mi corazón estaba fragmentado, era un corazón dividido. Yo miraba a Jesús de lejos. No quería acercarme demasiado. Me pasaba un poco como a aquellas mujeres en el día de la crucifixión (Luc. 23:49). Ellas, aunque le habían seguido, preferían mirar desde lejos. Me imagino que entre los motivos estuviera el temor a los romanos y a las autoridades religiosas. En mi caso, mirar a Jesús de lejos tenía otras causas. Yo en verdad no le seguía. Aunque en mi mente había mucha información sobre Dios, aunque había sido expuesta al evangelio, creía que podía tener lo mejor de los dos mundos. Y no solo lo creía, ¡lo vivía y lo quería!

No deseaba acercarme mucho porque sabía que eso implicaba transformación; nadie puede estar realmente cerca de Jesús y seguir siendo la misma persona. Sin embargo, estaba muy consciente de cosas que no quería cambiar. Prefería seguir nadando entre dos aguas. Una noche de parranda, al otro día en una reunión junto a otros para adorar a Dios. Bueno, debería decir para aparentar que lo adoraba. Vivía en dos mundos. Vivía en el mundo de la religión que te dice que el corazón tiene varios compartimentos y Dios ocupa uno de ellos; con los demás, tú decides lo que haces. Vivía creyendo que el pecado y Jesús pueden coexistir. Vivía ciega.

Recuerdo perfectamente donde estaba cuando Dios me confrontó con esta verdad. Estudiaba en la universidad y estaba sentada debajo de un árbol en la quietud de un mediodía. Había llegado al punto del hastío. Estaba hastiada de mí misma, de la doble vida, de querer ser algo que no era. Estaba cansada de tratar de «arreglármelas» por mi cuenta, de creer que con solo decir «mañana seré diferente» bastaba para dar un giro a mi vida. Debajo de la sombra de aquel árbol fue como si el Señor pusiera delante de mí los dos caminos y me mostrara que solo había uno que llevaba a la salvación, y ese era el de Cristo. Mi corazón dividido me estaba matando. ¡Dios me rescató! Y no tengo palabras para agradecerle. Si no fuera por Su gracia infinita, no sé dónde estaría hoy.

¿Sabes? Durante años creí que era posible esa dicotomía que algunos plantean: que Cristo puede ser Salvador y no Señor. No sé qué nos hace creer que sea posible, porque nuestro Dios no habita en corazones divididos. Por eso es tan importante que exploremos esta verdad. Tal vez, como yo, estés creyendo esta falacia. Amiga lectora, si así es, ¡necesitas despertar a la verdad!

EL PRIMER Y MÁS GRANDE MANDAMIENTO

En Marcos 12:28-30 encontramos un diálogo interesante entre Jesús y uno de los escribas.

«Cuando uno de los escribas se acercó, los oyó discutir, y reconociendo que Jesús les había contestado bien, le preguntó: "¿Cuál mandamiento es el más importante de todos?".

Jesús respondió: "El más importante es: 'Escucha, Israel; el Señor nuestro Dios, el Señor uno es; y amarás al Señor tu Dios con todo tu corazón, y con toda tu alma, y con toda tu mente, y con toda tu fuerza'"».

Pero no podemos seguir adelante sin antes hablar un poquito sobre estos personajes. ¿Quiénes eran los escribas y por qué los vemos interactuando varias veces con Jesús?

En el *Diccionario Bíblico Ilustrado Holman* encontramos lo siguiente:

«Persona capacitada para la escritura y cuya tarea consistía en registrar eventos y decisiones (Jer. 36:26; 1 Crón. 24:6; Esd. 3:12). *Durante el exilio babilónico los escribas instruidos se convirtieron en expertos en la Palabra de Dios escrita a fin de copiarla, preservarla y enseñarla. Esdras era escriba en el sentido de ser un experto en la enseñanza de la Palabra de Dios* (Esd. 7:6). *Para la época del NT se constituyó un grupo profesional de escribas, la mayoría fariseos* (Mar. 2:16). *Interpretaban la ley, la enseñaban a los discípulos y eran expertos en causas donde se acusaba a la gente de transgredir la ley de Moisés».*[1]

Después de leer esta definición, llegamos a la conclusión de que este hombre que interpela a Jesús tenía un conocimiento amplio y profundo de la ley. ¿Por qué entonces esta pregunta? ¿Por qué alguien que dominaba las Escrituras tuvo esta duda? Bueno, la respuesta es un asunto histórico. Según las declaraciones de escritores judíos, existía una disputa interminable entre los rabinos con respecto a cuál era el mandamiento más importante. Unos decían que era la ley que ordenaba los sacrificios, otros decían que eran las leyes relacionadas con la purificación e incluso algunos defendían el punto de que lo más importante eran las celebraciones. La ley de Moisés pasaba de los 600 mandamientos, de modo que había mucho para argumentar. Así que, al hacer esta pregunta, el escriba estaba buscando cuál sería la posición de Jesús y si tal vez con ella se pondría fin al asunto; como dice el pasaje que citamos, él había visto «que Jesús les había contestado bien».

Jesús responde con lo que los judíos conocen como el *Shemá*, que se encuentra en Deuteronomio 6:4-9. Es el mandamiento a amar a Dios con todo el corazón, con toda el alma y con todas nuestras fuerzas. Marcos registra que Jesús añadió amarle con toda la mente. En ese mandamiento se resumen todos los demás, porque amar a Dios de esa manera quiere decir que no hay espacio para nada más, ni para otros dioses, ni para otros afectos (espiritualmente hablando), ni para otras prioridades. Todo lo demás se deriva de esto. ¡Incluso el segundo mandamiento que Jesús cita sobre amar a los demás! De eso hablaremos más adelante. Básicamente estas palabras nos hablan de que el mandamiento número uno, el más importante, es un corazón no dividido.

¿Por qué hablaría Jesús de amarle con todo el corazón, toda el alma, todas las fuerzas y toda la mente? ¿Qué quiere decir eso en realidad? Vamos a verlo por partes.

En ese pasaje de Deuteronomio 6 Dios les dice a los israelitas: «El Señor es nuestro Dios, el Señor uno es». En la NVI se tradujo así: «El Señor nuestro Dios es el único Señor». Esta es una declaración de la que podemos escribir páginas y páginas, como de hecho ya existen. No vamos a hacer aquí lo mismo, pero es crucial que comprendamos la esencia de esa frase.

El Señor, nuestro Dios, es único. No hay ningún otro Dios como Él. Es inigualable, indescriptible, incomprensible. Es exclusivo, excepcional. Y es el único Señor. En los cielos, en la tierra y en los corazones solo hay espacio para un Señor; no puede haber más de uno, Él no comparte el espacio. Él es un Dios Celoso (Ex. 34:14), y lo escribimos así, con mayúsculas, porque es uno de Sus nombres. Dios Celoso. La diferencia es que no se trata de celoso como tú y yo lo interpretamos. Dios es perfecto y todo lo que hay en Él es bueno. El celo que experimentamos los humanos no es el celo que describe a Dios. El celo que nosotros sentimos proviene de corazones pecadores que son egoístas e inseguros. El celo que describe a Dios proviene de Su majestad y Su grandeza, del hecho de ser el único Dios, Santo. Él no tolera la infidelidad ni la rivalidad, ni comparte Su gloria (Isa. 42:8). Él es un Dios Celoso porque ha hecho un pacto, un pacto que le otorga derechos. Lo hizo con los israelitas, lo ha hecho con nosotros a través de Cristo. Y Su motivación siempre ha sido la misma: el amor.

La cultura que rodeaba al pueblo de Israel en aquel momento tenía muchos dioses; ellos iban a entrar a la tierra de los baales y de toda una miríada de dioses falsos. Así que, cuando Dios les dio este mandamiento, lo hizo sobre la base de quién es Él: el único Dios, el único Señor quien los había escogido para que fueran Su pueblo.

Apretemos el botón de avance rápido y lleguemos a nosotros en el siglo XXI. El mandamiento no ha cambiado, y las circunstancias que nos rodean tampoco. Nosotras también vivimos entre dioses de todo tipo. Algunos hechos de manos, otros fabricados en el corazón. El peligro sigue siendo el mismo: ilusoriamente dividir nuestros afectos. Creer que podemos darle un espacio a Cristo mientras seguimos la vida sirviendo a esos otros dioses, sean los que sean. Se nos olvida que nuestro Dios es el único, y es Señor.

Esa es la razón para ese mandamiento de amarle con todo, porque es la única manera: o le amamos con todo, o no le amamos en verdad. El problema está en que no tenemos humanamente la capacidad. Nuestros corazones son como los marineros de las historias griegas, cautivados por el canto seductor de las ninfas del océano. Nosotras no podemos producir el corazón no dividido, es obra de Dios. «Yo les daré un *solo* corazón y pondré un espíritu nuevo dentro de ellos» (Ezeq. 11:19, énfasis añadido). ¡Por eso necesitamos a Cristo! Él es quien nos mueve a amar porque Él amó primero, porque Él encarnó el amor, porque murió por amor, porque resucitó por amor y ahora nos sostiene en Su perfecto amor. Y todo en obediencia al Padre.

Amiga querida, el corazón no dividido entiende que solo hay un Señor; solo uno puede ocupar el trono, solo uno puede timonear el barco. ¿Será que hoy tienes que arrepentirte de querer tomar el control, de querer compartir ese rol? A menudo nos pasa. A menudo nos vemos tentadas y creemos que puede ser posible. Creemos que el corazón se puede dividir. ¡Corre a Cristo! Confiésale tu pecado, tu necesidad de perdón, tu necesidad de un corazón arrepentido. Quizá, como yo, precisas que Dios te rescate de un corazón dividido.

UNA HISTORIA DE CORAZONES DIVIDIDOS Y UN RESCATE

Estaba leyendo sobre la historia de Israel y encontré algo que me puso a pensar. Para que entendamos mejor el pasaje, permíteme hablar un poco del contexto, qué estaba sucediendo.

El pueblo de Israel había recuperado el arca del pacto que los filisteos se habían llevado, pero no por eso su situación mejoró. Vivían bajo la opresión de estos extranjeros, el ejército estaba desmoralizado y las ciudades en muy malas condiciones. Pasaron veinte años y entonces aparece nuevamente Samuel en escena. El texto bíblico dice que el pueblo añoraba al Señor, que lo buscaban con ansiedad. Y Samuel les dice lo siguiente:

«Si es que ustedes se vuelven al Señor con todo su corazón, entonces quiten de entre ustedes los dioses extranjeros y a Astarot, y dirijan su corazón al Señor, y sírvanle solo a Él; y Él los librará de la mano de los filisteos» (1 Sam. 7:3).

¿Qué había llevado a los israelitas al punto en que se encontraban? Mira cómo lo describe Spurgeon, el predicador inglés.

«El pueblo estaba bajo un doble cautiverio. El pesado yugo de los filisteos recaía sobre ellos porque la carga más pesada de la falsa adoración había destruido toda vida en sus corazones».

La idolatría, eso que ocupa el lugar que solo Dios puede ocupar. En este caso, dioses ajenos. En lugar de adorar a Dios, estaban adorando a los dioses sobre los cuales Él les había advertido desde el principio. Así que Samuel le habla claro al pueblo y les dice: vuélvanse al Señor; es decir, cambien el rumbo, cambien la dirección que llevan... Pero háganlo de todo corazón. ¿Te das cuenta? No pueden hacerlo a medias, no pueden dejar espacios reservados. Es el corazón completo para Dios, es un arrepentimiento genuino. Esa es la idea de la frase.

En aquellos años en los que yo trataba de vivir en los dos mundos, muchas veces se lo confesé a Dios, pero ahora entiendo que no había arrepentimiento legítimo en mi corazón. Mi motivación era un sentido de culpa, pero no porque entendiera que mi conducta ofendía a Dios, no veía mi pecado. Es por eso que una y otra vez repetía el mismo ciclo, y no había un cambio en mi vida.

El llamado de Samuel es a un arrepentimiento genuino, el que proviene de un corazón que se humilla ante el único Dios y Señor. Además, les dice cómo hacerlo: renuncien a su idolatría, quiten de entre ustedes todos esos ídolos, los dioses falsos. Y en nuestro caso, ¿qué podría ser? ¿Qué puede estar dividiéndonos el corazón? Tal vez en tu casa no haya una imagen de barro, madera ni bronce, pero puede estar en el corazón. Una profesión puede convertirse en el centro de nuestra vida. El amor por la familia podría estar en primer lugar; podría ser la realización de un sueño, un cierto número en la cuenta del banco, etc. Tim Keller nos ayuda a entender muy bien el concepto de idolatría: «¿Qué es un ídolo? Es toda cosa que para ti sea más importante que Dios, toda cosa que consuma tu corazón e imaginación más que Dios, toda cosa que busques para que te dé aquello que solo Dios te puede dar».[2]

Amiga, cuando nuestra vida gira alrededor de cualquier cosa que no sea Cristo, aunque se trate de algo bueno, estamos yendo directo al caos, como le sucedió a Israel. Y poco a poco podemos llegar al estado en que estas personas se vieron: desesperadas.

No obstante, el profeta añade algo más: «Dirijan su corazón al Señor, y sírvanle *solo* a Él» (énfasis añadido). ¿Qué quería decirles con eso? Pongan sus afectos en Él, ámenlo a Él y no a todas estas imitaciones; que su lealtad y su servicio sean solo para Él. Solo. No hay alternativas, no hay posibilidad de servir un poco a estos dioses y otro poco a Jehová. Samuel les dice, en otras palabras, no dividan su corazón. Y el pasaje señala que así lo hicieron. Una señal externa de su arrepentimiento fue que quitaron los dioses. Una manera de reflejar también su arrepentimiento fue mediante el ayuno y la confesión de su pecado (v. 6).

Aunque por la gracia de Dios y mediante la obra salvadora de Cristo nuestros pecados pasados, presentes y futuros han sido perdonados, la vida debajo del sol implica la confesión de nuestros pecados, como ya mencionamos antes. Un corazón no dividido es un corazón que reconoce, que confiesa y se arrepiente de su pecado cada día.

El relato bíblico cuenta que mientras esto estaba sucediendo, los filisteos volvieron al ataque. Israel sintió miedo y pide a Samuel que no deje de interceder por ellos. El cuadro que se nos presenta ahora es una imagen hermosa de lo que Dios hace a favor de nosotros, gente con corazones divididos.

«Tomó Samuel un cordero de leche y lo ofreció como completo holocausto al SEÑOR; y clamó Samuel al SEÑOR por Israel y el SEÑOR le respondió» (1 Sam. 7:9).

Un cordero de leche es un cordero pequeñito que todavía era amamantado por su madre. Un cordero inocente que serviría como sacrificio a favor de un pueblo no merecedor de gracia ni misericordia que clamaba a Dios. Gente como tú y yo. Era un sacrificio de expiación, de pago por los pecados. Y Dios los escuchó, acudió en su ayuda, los libró de los filisteos. Cuando tú y yo ponemos nuestra confianza, nuestra fe en el Cordero que quita el pecado del mundo, Dios también nos escucha, también extiende Su gracia salvadora, también nos muestra misericordia.

Lamentablemente, sabemos que la historia no termina aquí. Este mismo cuadro se repitió varias veces porque los israelitas una y otra vez se fueron tras otros dioses. Su desobediencia tuvo consecuencias fatales. Sufrieron el exilio, la opresión extranjera, la destrucción de su país, de su templo. El corazón, como vimos en el primer capítulo, necesitaba un trasplante que solo fue posible cuando por fin alguien, Cristo, pagó el precio para siempre y murió en lugar de ellos y de nosotros. Y ahora, aunque todavía luchamos con ídolos y corazones divididos, tenemos esperanza, tenemos a Cristo que intercede constantemente a nuestro favor.

«Por lo cual Él también es poderoso para salvar para siempre a los que por medio de Él se acercan a Dios, puesto que vive perpetuamente para interceder por ellos» (Heb. 7:25).

¿ADORACIÓN CONDICIONAL? 

Un problema del corazón dividido es que pone condiciones, incluso a su adoración.

En la última semana de su vida terrenal nuestro Salvador entró por fin a Jerusalén para cumplir con la misión que lo había traído del cielo perfecto al planeta caído. La voz se corrió por la ciudad y la gente salió a recibir a aquel de quien se decía que hacía milagros tales que hasta resucitaba muertos. Emocionados, esto fue lo que hicieron:

«... la multitud tendió sus mantos en el camino; otros cortaban ramas de los árboles y las tendían por el camino. Y las multitudes que iban delante de Él y las que iban detrás, gritaban: "¡Hosanna al Hijo de David! ¡Bendito Aquel que viene en el nombre del Señor! ¡Hosanna en las alturas!"» (Mat. 21:8-9).

Cuando Jesús llegó a Jerusalén, los que le recibieron vieron en Él la solución a sus problemas; pero no a su problema eterno: la separación de Dios y la esclavitud del pecado. Ellos veían la solución a un problema temporal: la opresión romana. Pensaron que este hombre que levantaba a los muertos de la tumba podría hacer caer con el mismo poder al yugo del imperio y por fin ser libres para disfrutar la bendición que por siglos habían esperado y de la que hablaron los profetas. Sí, Jesús hubiera podido hacer eso, y más, pero entonces no habría cumplido con el propósito de Su misión. Y la salvación no nos hubiera alcanzado a ti y a mí que vivimos muchos siglos después.

¿Qué pasó entonces? ¿Por qué la misma multitud que ese día le alababa poco después gritó enfurecida: «¡Crucifícalo!»? Eran adoradores condicionales. La adoración dependía de lo que pudieran obtener según los deseos de su corazón. ¿Y será que a veces nosotros también calificamos para ese grupo? Si Dios nos bendice, si todo va bien, le adoramos. Si la vida no es color de rosa, si los planes se frustran, si las esperanzas se pierden y los sueños se diluyen... ¿adoramos a Dios? ¿Será que llegamos a Él con una agenda oculta, incluso tal vez inconscientes de ella? Una agenda que dice «te adoro porque me das», cuando en realidad la adoración genuina es «te adoro por quien eres».

Son preguntas difíciles que no nos gusta hacernos porque a menudo nos hemos unido al coro de aquel día en Jerusalén, solo que en un lugar diferente. El domingo cantamos, alzamos las manos, aplaudimos, lo que sea... pero cuando en la semana la vida pareciera no sonreír... «¡crucifícalo!». No lo decimos, no lo pensamos con esas mismas palabras, pero sí albergamos frustración, duda y hasta resentimiento porque Dios no se está ajustando a nuestro plan. O, nos vamos tras otros «dioses» que creemos que pueden resolver nuestro problema, como el dios del «yo».

Te hablo con mi corazón abierto porque me ha pasado; no estoy libre de culpa. Sé que una adoración genuina, sin condiciones, sin pedir, sin esperar nada es antinatural. La adoración que nace de un corazón que reconoce que, aun si nada recibiéramos de parte de Dios ya lo tenemos todo en Jesús, solo es posible en un corazón no dividido. Una adoración como la que Él recibió justo el día antes de estos sucesos que hoy examinamos. La adoración de aquella María que derramó perfume a los pies de su maestro y con sus propios cabellos los secó.

El corazón no dividido vive para adorar, para gozarse en su Creador, para postrarse ante el único Dios y Señor. El corazón no dividido reconoce que nada merecemos, que nada podemos reclamar. El corazón no dividido vive para llenarse de Dios, ese es su mayor deleite y posesión. El corazón no dividido vive libre. Y eso me hace recordar otra historia muy conocida que nos narran los Evangelios.

La historia nos relata una conversación que sostuvo Jesús en cierta oportunidad con un hombre joven que quería seguirle, quería tener lo que solo Jesús podía ofrecer: vida eterna. Seguro la conoces. En muchas de nuestras Biblias aparece bajo el subtítulo «El joven rico». El asunto con este pasaje está en que muchas veces perdemos el punto principal. El problema no eran las riquezas en sí, el problema estaba en el corazón. Jesús quería enseñar a Sus seguidores que cuando no estamos dispuestos a dejarlo todo por Él, nuestro corazón todavía le pertenece a otra persona o a otra cosa. Puede ser un trabajo, una relación, una casa; y, obviamente, eso será lo que motive nuestra vida. El corazón está dividido.

Este joven estaba dispuesto a obedecer leyes, pero no a entregar su corazón. No quería renunciar a lo que en verdad le dominaba. Su corazón estaba dividido y en su altar lo más importante eran las riquezas. ¡Tanto así que se fue triste después de la respuesta de Jesús!

Puede sucedernos lo mismo, ¿sabes? Es mucho más fácil seguir reglas que crucificar deseos y rendir corazones. ¡Por eso necesitamos a Cristo, para que cambien los deseos de nuestro corazón y ponga en nosotros Su mismo sentir!

CONFESIONES DE UN CORAZÓN DIVIDIDO

En mi caminar con el Señor he vivido diferentes experiencias. Como cualquiera de nosotras, he estado en la cima del monte, donde nos pareciera que casi podemos tocar el cielo, pero también en lo hondo del valle, donde todo es oscuro y creemos que nos hundimos. Sé también que Dios usa ambos tipos de experiencias para enseñarnos, moldearnos, rompernos como barro y volvernos a hacer, conformándonos cada vez más a la imagen de Cristo.

Fue justo una de esas experiencias en un valle difícil que el Señor me reveló la idolatría que había en mí, me quitó todas las capas que yo cuidadosamente había construido y dejó al descubierto cuán dividido estaba mi corazón.

El peligro de escuchar demasiado a menudo enseñanzas no claras de la Escritura es que nos vamos haciendo inmunes y no nos damos cuenta de que paulatinamente el mensaje comienza a parecernos verdadero ¡y hasta bíblico! Las mentiras disfrazadas avanzan hasta ocupar el espacio de nuestra mente y, por consiguiente, nuestro corazón. Eso fue lo que me sucedió.

Sin darme cuenta comencé a creer que lo que Dios y yo teníamos era algo así como una relación de negocios. *Yo me porto bien, tú me das. Yo paso horas en oración y cantando sin cesar, mi vida será perfecta. Mientras más emotivas sean mi oración y mi adoración, más conmoveré a Dios para que obre a mi favor. Si yo hago mi parte, Él sin dudas cumplirá con la suya, que por lo general es simplemente un rotundo sí a cualquier cosa que mi corazón desee, porque son buenos deseos, porque no hay nada de malo en ellos y, sobre todo, porque esos mismos deseos los ha cumplido en otros.* ¡Miserable de mí!

Hasta que un día el castillo de mentiras comenzó a desmoronarse. Cada vez más veía que mis esfuerzos no producían nada de lo que yo deseaba. Veía mis anhelos cumplidos, ¡en otros! Comencé a creer que Dios no me amaba porque, en mi confusión, el amor de Dios era sinónimo de cuánto Él se ajustara a mi agenda. Empecé a cansarme de hacer y hacer y hacer más, sin resultados. ¡Y el abismo se abrió bajo mis pies! Una depresión indescriptible me atrapó. Para quienes no estaban muy, muy cerca de mí, era imposible saberlo. Había aprendido el arte de ocultar lo que de verdad pasaba y disfrazar mi rostro con falsas sonrisas y, lo peor, aparente piedad.

Un sábado en la tarde salí manejando sin rumbo, sin saber qué hacer, ni qué pensar, ni qué creer. Sentía que había tocado fondo. Cuestionaba si realmente lo que yo decía creer era cierto, si en verdad conocía a Cristo, si mi vida valía la pena. De tan solo escribirlo me asusta porque nunca había vivido nada igual. Esta crisis fue la última de varias que le precedieron, y le ruego al Señor que jamás vuelva a vivir algo semejante.

Después de dar vueltas de un lado a otro, por fin estacioné mi carro de frente al oeste. Mientras miraba el atardecer, las lágrimas rodaban por mis mejillas de manera incontrolable. ¿Qué me ha pasado? ¿Por qué llegué hasta aquí? Podía hacer una lista de todas las maravillas que Dios había hecho en mi vida, comenzando por la salvación y terminando con estar sentada allí, viva. No quería sentirme como me sentía, no quería vivir como estaba viviendo. Clamé al Señor con todas mis fuerzas, le imploré, le rogué que me sacara del pozo de la desesperación en que me encontraba. ¡Nunca las palabras del Salmo 40 habían sido tan reales para mí! Le pedí que hiciera claro a mis ojos por qué estaba así, qué me estaba sucediendo.

El Señor me mostró mi pecado: un corazón dividido que quería adorar a Dios y adorar la prosperidad material. Un corazón que creía que Dios es más como Santa Claus, que reparte regalos por portarnos bien. Un corazón que creía que la vida cristiana es una vida fácil; y si no lo es, entonces algo no está bien en mí y quizá Dios me esté castigando. Un corazón que de tanto escuchar medias verdades o mentiras, se había enfermado. Un corazón que tenía una necesidad urgente del evangelio y de entender la gracia de Dios, otra vez.

Hoy puedo darle gracias al Señor por Su paciencia, por Su amor, por haberme rescatado de mí misma y de un camino torcido. Tengo que decirte que no ocurrió de hoy para mañana, pero sí más rápido de lo que yo hubiera imaginado. Dios usó Su método más sencillo y probado, la Palabra. Versículo tras versículo me mostraron las verdades que derrumbaban las mentiras que yo había creído. Versículo tras versículo fueron lavando lo sucio y poniendo lo nuevo. Y, en ese proceso, también cambió mi mente. La mente confusa y abrumada, la mente que se iba por sendas tan oscuras que no te puedo describir, esa misma mente comenzó a aferrarse con uñas y dientes a la Verdad, Cristo, quien nos hace libres.

Mi querida lectora, por eso amo tanto la Palabra de Dios, por eso me apasiona estudiarla, enseñarla, difundirla, porque no hay nada como ese libro para transformar mentes y corazones. El Señor me rescató de todo ese fango doctrinal mediante Su Palabra. Y por eso también quiero rogarte que seas en extremo cuidadosa de lo que lees y escuchas, a qué enseñanzas expones tu corazón. Es demasiado fácil irnos tras ideas que parecen muy bíblicas, pero no lo son. No es nada difícil dejarnos engañar por aquello que tiene apariencia de Evangelio, pero no lo es. Solo el conocimiento de la Palabra y estar ancladas en ella nos ayuda a detectar las mentiras.

Pablo le advirtió al joven pastor Timoteo: «Porque vendrá tiempo cuando no soportarán la sana doctrina, sino que teniendo comezón de oídos, conforme a sus propios deseos, acumularán para sí maestros, y apartarán sus oídos de la verdad, y se volverán a los mitos» (2 Tim. 4:3-4). Y en ese tiempo estamos viviendo tú y yo. Por defecto, la gente no quiere escuchar la sana doctrina, la Palabra clara de Dios. Nuestra naturaleza pecaminosa solo quiere escuchar lo que nos gusta, lo que nos entretiene, lo que no nos contradice, lo que apela a nuestro bienestar, a nuestra comodidad e incluso, a nuestro pecado.

Pablo le habla a Timoteo de «comezón de oídos». ¿Sabes que es esto? Es querer escuchar algo novedoso. Un mensaje «fresco», pero no porque refresque el alma, algo que sin dudas hace la Palabra de Dios. No, hablan de refresco como nuevo, alguna interpretación diferente, algo que parezca cautivador y popular, independientemente de cuán alineado esté con la Palabra de Dios. Cuando escuchemos un mensaje, es necesario analizarlo, sobre todo en esta época de la Internet donde tenemos todo a la distancia de un clic y acceso a cuanta enseñanza existe. Y, claro está, para discernir necesito al Espíritu Santo y la verdad de la Palabra.

Pablo le advierte del tipo de maestro que se hace popular, aquel que complace el oído de los oyentes. También le anuncia que, ya que se apartarán de la verdad, irán tras fábulas, tras cuentos, tras falsos evangelios. Esto va desde «venimos de los monos» hasta «Dios quiere que todo el mundo sea millonario», o la fábula de «necesitas ganarte la entrada al cielo, así que haz muchas buenas obras o te quedarás fuera». Tal vez es la fábula de «Dios te quiere así, como eres», porque es mucho más atractiva que «eres pecador y necesitas arrepentirte. Dios quiere cambiarte a la imagen de Cristo». Y muchas otras. Pero ya tenemos la idea. Cuando la gente se aparta de la verdad de Dios, es para abrazar su propia verdad; para vivir con un corazón dividido que dice amar a Dios con todo, pero en realidad no es así.

Bendita gracia de Dios que nos ayuda cada día, bendito Dios que un día, aunque éramos ciegos, abrió nuestros ojos. ¡Pero velemos, porque el enemigo anda siempre rondando, como león devorador y como padre de mentiras!

EL CORAZÓN NO DIVIDIDO APRENDE A MORIR

No tengo un jardín muy grande, y el clima del lugar donde vivo es tan caluroso que no todas las plantas sobreviven, pero para algunas es perfecto. Ese es el caso de las orquídeas. Tengo varias, regalos de mis hijos, mi esposo, mi mamá, mis amigas, una vecina; pero hay tres que tienen un significado especial, pertenecieron a mi abuela paterna, y ya sabes por lo que conté al principio cuánto ella significó para mí. Poco tiempo antes de partir de este mundo me regaló sus orquídeas, que eran de sus plantas favoritas, y me dijo: «Trasplántalas a las palmas areca que tienes en la entrada, seguro que allí crecerán bien». Así lo hicimos. Mi esposo se dio a la tarea de investigar el procedimiento y se encargó de hacerlo. Fueron las primeras que trasplantamos de su vasija original a las palmas y otros árboles.

Han pasado varias temporadas de perder las hojas, reverdecer, luego florecer, volver a quedar casi secas, con apariencia de morir. Y repetir el ciclo.

Pero el año pasado las orquídeas de mi abuela no me daban mucha esperanza. Mientras más las miraba menos posibilidades veía de volver a disfrutar de sus flores. Igual las fertilizamos y regamos como siempre. ¡Nada de hojas verdes! Sus vecinas, orquídeas blancas, seguían robustas y preparándose para la temporada de florecimiento. Así que pensé que quizá su vida estaba terminando. En realidad, no soy experta en la materia, solo una aficionada que las disfruta. No te niego que me causó un poco de tristeza, cada vez que estas plantas florecen es una manera especial de recordar a su dueña original.

Sin embargo, un buen día, ¡sorpresa! Entre las hojas moribundas y descoloridas comencé a ver el pequeño brote que luego se va convirtiendo en el tallo largo de donde salen las flores. ¡No lo podía creer! Algo que a mis ojos estaba prácticamente muerto, ¡volvía a la vida! Y lo hacía con vigor. Sentada en mi jardín no pude evadir la analogía: ¡Tenemos que morir para poder resucitar a la verdadera vida!

Sabemos que en Cristo, nuestra muerte física dará paso a la vida eterna. Sin embargo, en el camino tenemos que «morir» muchas veces, como la orquídea, para que luego vengan las flores. ¿De qué hablo? De morir a nosotras mismas, morir al yo, para que Cristo crezca y forme en nosotras Su carácter, para que cada vez más nuestro corazón sea solo de Él.

A eso se refería Pablo en Gálatas 2:20 (NVI) cuando afirmaba: «¡He sido crucificado con Cristo, y ya no vivo yo!». Sin embargo, no es cosa de una sola vez en la vida, es día a día. Es negarme a mí misma cuando quiero quejarme porque nadie recogió lo que se quedó regado o nadie reconoció el esfuerzo de tener la cena lista toda la semana, cada día. Es negarme a mí misma cuando solo quiero ver lo malo en otros y no verlo en mí. Es morir al deseo de criticar en lugar de animar o edificar. Es morir al orgullo o al deseo de tomar la justicia en mis manos en lugar de dejar que Dios se encargue. Es guardar silencio, y negar el deseo de defender mi causa. Es no decir lo primero que pasa por mi mente, sino meditar en las palabras. Es, dicho de otra manera, vivir tomando la cruz, como dijera Jesús, y seguirle.

Sí puede haber orquídeas hermosas, aunque la planta parezca muerta, porque la aparente muerte dio paso a la vida. Es lo mismo en nosotros, si queremos florecer en Cristo, tenemos que dejar que «el yo» muera, aunque el proceso sea feo y doloroso. Amiga lectora, ¡el resultado será una primavera inigualable!

Un corazón no divido muere cada día y, en esa muerte, cobra vida.

No puedo terminar sin citar las palabras del salmista que entendió que necesitaba un corazón así, no dividido, y que solo Dios se lo podía dar. Que sea esta nuestra oración:

«Porque Tú eres grande y haces maravillas;
Solo Tú eres Dios.
Enséñame, oh SEÑOR, Tu camino;
Andaré en Tu verdad;
Unifica *mi corazón para que tema Tu nombre»* (Sal. 86:10-11, énfasis añadido).

PARA RECORDAR

Nuestro Dios no habita en corazones divididos.
El peligro sigue siendo el mismo: creer que podemos darle un espacio a Cristo mientras seguimos la vida sirviendo a esos otros dioses.
No podemos amar a Dios de todo corazón a menos que Cristo nos mueva a hacerlo mediante Su obra redentora.
Un corazón no dividido muere cada día y, en esa muerte, cobra vida.

PARA REFLEXIONAR

1. En tus propias palabras, ¿cómo dirías que es un corazón dividido?

____
____
____

2. ¿Por qué crees que nos resulta tan fácil tener un corazón dividido?

____
____
____

3. Luego de leer este capítulo, ¿han venido a tu mente algunos «dioses» que están luchando por la primacía en tu corazón? ¿Qué tal si tomas un tiempo ahora para confesarlo al Señor y buscar Su ayuda para derribarlos?

____
____
____

4. ¿Cuál es nuestra esperanza cuando tenemos luchas de este tipo en nuestro corazón? Lee Hebreos 4:15, Hebreos 2:18.

____
____
____

5

UN CORAZÓN REVESTIDO DE HUMILDAD

Bienaventurados los humildes, pues ellos heredarán la tierra.
Mateo 5:5

«La humildad no es pensar menos de ti mismo, es pensar menos en ti mismo».—C. S. Lewis

Al escribir este capítulo estamos en medio de la cuarentena por el COVID-19. Me atrevo a decir que es el tiempo más raro que me ha tocado vivir, y supongo que lo mismo le pasa a la mayoría. Es raro ir al supermercado con mascarillas y guantes; y luego llegar a la casa y tener que limpiar y lavar lo que traemos para evitar contaminación. Es todavía más raro tener que guardar distancia entre una persona y otra. No poder abrazar a los familiares que no viven en nuestra misma casa, tener que saludarnos de lejos, suspender las visitas. Ha sido muy extraño celebrar nuestros cultos en línea; ser una iglesia virtual, por decirlo de alguna manera. Pasar un Domingo de Resurrección reunidos frente a un televisor dista mucho de la idea que tenemos de celebración. Pero estamos en cuarentena y eso lo cambia todo.

La cuarentena nos ha obligado a quedarnos en casa y limitar las salidas solo a lo esencial. Eso quiere decir que estamos aquí, todos juntos, las 24 horas. Al menos, ese es nuestro caso porque los chicos están recibiendo las clases en línea, mi esposo trabajando desde casa y yo, bueno, para mí hasta cierto punto esto es normal. Siempre estoy aquí. Lo único que en ese sentido ha cambiado es que ahora comparto la oficina con mi hijo de 12 años. El comedor se convirtió en oficina y aula para mi esposo y mi hija, respectivamente. En pocas palabras, tenemos una nueva dinámica familiar y eso tiene su lado bueno y otro tal vez no tan glamoroso.

Verás, cuando pasen los años, sé que miraremos atrás con cierta añoranza por estos días. Días en que hemos salido a caminar juntos muchas tardes, viendo las puestas del sol. Días en que dimos paseos en bicicleta, explorando el vecindario y descubriendo calles que nunca habíamos transitado. Días en que conversamos mucho sobre la Biblia, la leímos juntos, dialogamos, profundizamos. Días en que oramos por conocidos y desconocidos, por personas de cerca y de lejos. Días en que comimos en el patio bajo las estrellas. Días que parecían tan largos, como si el tiempo pasara más lento que de costumbre porque el ajetreo que caracterizaba nuestras vidas de pronto quedó en pausa. Días que nos hicieron pensar en lo que de verdad importa. Son días raros, pero de cierto modo son días que están cambiando nuestra vida.

Por otro lado, al estar así en casa, constantemente, las tareas hogareñas y rutinarias han aumentado. Más ropa que lavar, limpiezas más frecuentes, y la cocina pareciera no cerrarse nunca. No me malentiendas, doy gracias a Dios porque tenemos casa, ropa y comida, más que suficiente. También agradezco tener salud para poder hacer todas estas cosas; sin embargo, estos cambios por la cuarentena me han recordado qué fácil es que mi corazón no quiera ser humilde, qué fácil se deja atraer por el pecado del orgullo y querer regresar a su vida anterior. Porque el orgullo no necesita de plataformas ni fama, el orgullo puede asomar la cabeza en cualquier momento y lugar.

Para entender todo esto, para entender qué tienen que ver la humildad y el orgullo con la cuarentena y nuestro corazón, tal vez debamos empezar por conocer qué quiere decir la Biblia cuando habla de humildad porque esta es una de esas palabras que han sido malinterpretadas a lo largo de los años. Es uno de los términos que incorporamos a nuestro vocabulario sin considerar realmente lo que quieren decir, sino que asumimos su significado según el uso popular.

El *Diccionario de la Real Academia Española* la define de esta manera:[1]

1. f. Virtud que consiste en el conocimiento de las propias limitaciones y debilidades y en obrar de acuerdo con este conocimiento.
2. f. Bajeza de nacimiento o de otra cualquier especie.
3. f. Sumisión, rendimiento.

Por lo general, cuando pensamos en humildad, lo hacemos más según la segunda acepción del diccionario. Sin embargo, me gustaría que vuelvas a leer la primera definición. ¿Ya lo hiciste? Con toda honestidad, ese concepto no es nada popular en nuestro mundo; un mundo que nos dice «tú sí puedes», «cree en ti misma», «tú tienes lo que se necesita», y muchas otras cosas. Así que, a menudo hablamos de una persona humilde para referirnos a su condición económica, pero la verdad es que esta virtud puede estar ausente o presente independientemente del estado de una cuenta bancaria.

La definición que acabamos de leer dice que la humildad es una virtud, una disposición en el corazón de alguien. Lamentablemente, no nacemos con esta virtud, sino con lo opuesto. Nacemos con un corazón que se niega a reconocer sus propias limitaciones y debilidades, su pecado. Nuestro corazón heredó lo que pasó en aquel momento fatídico del Edén, cuando en el corazón de Eva, y luego en el de Adán, se sembró la semilla de la rebeldía, el deseo de ser como Dios, y germinó el orgullo.

No podemos hablar de humildad sin hablar de su contrapartida, y por eso vamos a pasar un rato en este tema. Es crucial que lo entendamos y, más aun, que Dios nos muestre la realidad del orgullo en nuestro propio corazón.

Un problema de pecado

En el *Diccionario Bíblico Ilustrado Holman* leemos que orgullo es «confianza y atención excesivas en las habilidades, los logros, la condición, las posesiones o la posición que uno posee. El orgullo es más fácil de reconocer que de definir; más fácil de reconocer en otros que en uno mismo».[2] ¿Verdad que sí? Nos es tan fácil mirar a alguien y decir que es una persona orgullosa, pero ¡cuánto nos cuesta reconocerlo en nosotras mismas!

La Biblia usa diferentes palabras para hablar de orgullo: arrogancia, altivez, jactancia, pretensión, vanagloria. Todas apuntan a un corazón que se rebela, que quiere la honra para sí mismo y no para Dios. El corazón orgulloso no quiere someterse ni rendirse ante nada ni nadie. El orgullo es el pecado más antiguo, y vale la pena que veamos algunos pasajes que revelan cómo Dios lo ve, sobre todo a la luz de tiempos como los que estamos viviendo. Aunque creas que los conoces, te pido que ignores la tentación de saltar esta parte y que leas detenidamente cada versículo.

«No se jacten más ustedes con tanto orgullo, no salga la arrogancia de su boca. Porque el SEÑOR es Dios de sabiduría, y por Él son pesadas las acciones» (1 Sam. 2:3).

«El SEÑOR es excelso, pero toma en cuenta a los humildes y mira de lejos a los orgullosos» (Sal. 138:6, NVI).

«Amen al SEÑOR, todos sus fieles; él protege a los dignos de confianza, pero a los orgullosos les da su merecido» (Sal. 31:23, NVI).

«El temor del SEÑOR es aborrecer el mal. El orgullo, la arrogancia, el mal camino y la boca perversa, yo aborrezco» (Prov. 8:13).

«Porque el día del Señor de los ejércitos vendrá contra todo el que es soberbio y orgulloso, contra todo el que se ha ensalzado, y serán abatidos» (Isa. 2:12).

«Será humillado el orgullo del hombre y abatido el orgullo de los hombres. Solo el SEÑOR será exaltado en aquel día» (Isa. 2:17).

«Asimismo ustedes, los más jóvenes, estén sujetos a los mayores. Y todos, revístanse de humildad en su trato mutuo, porque DIOS RESISTE A LOS SOBERBIOS, PERO DA GRACIA A LOS HUMILDES» (1 Ped. 5:5).

Podríamos citar muchos más, pero la idea está clara: Dios aborrece el orgullo. Los orgullosos no tienen lugar en Su presencia y el pecado del orgullo no quedará impune, será aplastado y expuesto. ¡Qué bueno que tenemos a Cristo que pagó incluso por este pecado! Sin embargo, ¿hay orgullo en mi corazón, en tu corazón? Esa es una pregunta que debemos hacernos. Es una oración que nuestras almas deben elevar, suplicar a Dios que revele el orgullo de nuestro corazón, ¡y nos ayude a desalojarlo! Aunque tenemos vida nueva en Cristo, con estos pecados batallaremos de este lado de la eternidad. Lamentablemente, incluso podemos sentir lo que algunos llaman «orgullo espiritual».

Este es el tema de una de las tantas parábolas que Jesús contó. La conocemos como la historia del fariseo y el publicano o el recaudador de impuestos. Al leerla, es mucho más fácil identificarnos con el publicano... como el que viene a suplicar la misericordia de Dios. Pero la verdad es que en muchas ocasiones somos como el fariseo. Mira sus palabras:

«Dios, te doy gracias porque no soy como los demás hombres: estafadores, injustos, adúlteros; ni aun como este recaudador de impuestos. Yo ayuno dos veces por semana; doy el diezmo de todo lo que gano» (Luc. 18:11-12).

Ahora vamos a poner esas palabras en nuestro contexto. Es muy probable que, tal vez sin darnos cuenta, pensemos así: «Gracias, Dios, porque no soy como las demás mujeres. No le robo a nadie, soy fiel a mi esposo, participo en todos los estudios bíblicos y reuniones de oración. Gracias porque no soy como esas mujeres que no limpian su casa todos los días, ni como esas que compran comida hecha para no cocinar. Gracias porque no soy como fulanita que siempre llega tarde, ¡y sus hijos se portan tan mal! Gracias porque yo sé dónde está el libro de Habacuc y sé lo que quiere decir "soteriología" ...». La oración podría seguir, ¿verdad? Y también es verdad que en algún momento hemos pensado algo parecido. ¡Porque nuestro corazón es orgulloso y se cree más espiritual que el de los demás! Perdónanos, Señor.

El llamado orgullo espiritual tiene muchas caras. A veces actúa como aquellos que oraban en alta voz en las calles, solo para que otros los vieran. Tal vez no lo hacemos de esa manera, pero sí usamos palabras rebuscadas al orar para impresionar a los demás, o creemos que el volumen de nuestra voz y nuestros ademanes llamarán la atención de Dios. Quizá creemos que nuestro conocimiento teológico nos hace superiores. Orgullo.

Cuando presumimos de orgullo espiritual, despreciamos la gracia de Dios porque la gracia dice que nuestras buenas obras son innecesarias, que son trapos de inmundicia ante la santidad de Dios. ¿De qué presumimos? No hay nada que nos gane Su salvación ni Su favor. Y se nos olvida que solo Él puede hacer limpio y puro nuestro corazón, como ya vimos. Nuestra oración debería ser, cada día, como la del publicano de la historia: «Dios, ten piedad de mí, pecador».

En su narración, Lucas nos deja ver claramente la postura de Dios: «Les digo que este descendió a su casa justificado pero aquel no; porque todo el que se engrandece será humillado, pero el que se humilla será engrandecido» (v. 14).

Amiga lectora, llamemos a las cosas por su nombre. Reconozcamos nuestro orgullo como lo que es, pecado, y oremos, clamemos a Dios por un corazón humilde, un corazón despojado de este mal que envenena el alma y nos aleja de Dios. ¡Podemos ir a la cruz, y crucificar este pecado! Como dijera Charles Spurgeon: «En la cruz hay una cura para cada enfermedad espiritual. Hay alimento para cada virtud espiritual en el Salvador. Nunca vamos a Él con demasiada frecuencia».[3]

Como dijimos, la humildad y el orgullo son contrarios; y la Biblia, así como habla del orgullo, también nos enseña mucho en cuanto a un carácter humilde. El versículo que aparece al comienzo de este capítulo también forma parte del Sermón del Monte y en este Jesús hace referencia a la primera parte de un pasaje de los salmos: «Pero los humildes poseerán la tierra...» (Sal. 37:11).

¿Quiénes son los humildes? Bueno, si vamos a la primera acepción de la definición de la RAE, ya sabemos que son aquellos que están conscientes de sus propias limitaciones y debilidades. Son los que están dispuestos a someterse y rendirse; y también son los que, independientemente de su estatus social y económico, reconocen que somos de baja condición porque somos pecadores, nacemos y vivimos por misericordia en un mundo que no nos pertenece.

No creo que podamos hablar de humildad, según el lente de Dios, sin considerar a Cristo, Él es el ejemplo supremo de esta virtud. Así que, vayamos al capítulo de la Biblia que nos hace la máxima declaración sobre la humildad de Cristo: Filipenses 2.

«... Cristo Jesús, el cual, aunque existía en forma de Dios, no consideró el ser igual a Dios como algo a qué aferrarse, sino que se despojó a Sí mismo tomando forma de siervo, haciéndose semejante a los hombres. Y hallándose en forma de hombre, se humilló Él mismo, haciéndose obediente hasta la muerte, y muerte de cruz» (Fil. 2:5-8).

Este pasaje encierra una declaración teológica poderosa, el hecho de que Jesucristo fue 100 % Dios y 100 % hombre. Ahora bien, es fácil leerlo, pero considera esto: Dios mismo tomó forma no de rey, no de emperador, no de general de ejército... ¡sino de siervo! Así vino para cumplir el plan que nos traería la redención, como un siervo. En la más baja condición, sin pretensiones, despojado de toda Su gloria... sin orgullo. Asumió forma de hombre, con todas las debilidades y limitaciones que eso encierra. Se humilló.

¿Te das cuenta? ¡Dios se humilló por nosotros! Renunció a todos Sus privilegios. ¿A quién le gusta renunciar a sus privilegios? No es natural en los seres humanos. Nos pasamos la vida reclamando los derechos, pero rara vez nos ofrecemos voluntariamente para renunciar a lo que consideramos nuestros privilegios.

¿Recuerdas lo que dije al comienzo de este capítulo acerca de la cuarentena y mi corazón? Esta es la razón. Tener a mi familia en casa todo el tiempo, todos los días, ha implicado para mí un tiempo de renuncia. Renunciar al silencio que normalmente me rodea y que facilita la concentración para hacer lo que hago, escribir y preparar conferencias o enseñanzas. Renunciar a tener mucho tiempo para todas estas tareas porque hay más cenas que preparar, deberes escolares con los cuales ayudar, interrupciones de todo tipo. Y mi corazón, si lo dejo por su cuenta, se resiste. Se resiste a la humildad de servir porque el orgullo quiere exigir, quiere la comodidad, quiere reclamar su lugar.

Para entenderlo mejor, mira los versículos anteriores al pasaje que cité de Filipenses 2:

«No hagan nada por egoísmo o por vanagloria, sino que con actitud humilde cada uno de ustedes considere al otro como más importante que a sí mismo, no buscando cada uno sus propios intereses, sino más bien los intereses de los demás» (vv. 3-4).

Ahí está. Una actitud genuinamente humilde considera a los demás como más importantes. ¡Uf, una bofetada directa! Eso quiere decir, para regresar a mi ejemplo, que debo considerar las necesidades de mi familia como más importantes que las mías, que debo dar prioridad a sus intereses. Y no es fácil, eso es totalmente antinatural para un corazón que nace en pecado y es egoísta. ¡Eso solo lo puede lograr Cristo en mí y en ti! Por esa razón, cuando el Señor nos dejó esta palabra por medio de la tinta del apóstol Pablo, dice lo siguiente: «Haya, pues, en ustedes esta actitud que hubo también en Cristo Jesús...» y procede con los versículos que ya mencionamos.

Una actitud humilde es una actitud como la de Cristo Jesús, sin arrogancia; no actúa por vanagloria sino sirve a los demás. ¿Y cómo se logra si es tan contraria a nuestra naturaleza? Bueno, en obediencia, que fue lo que hizo Cristo, Él se humilló y obedeció hasta la muerte. Debemos reconocer que no podemos producir ese deseo de obedecer, sino que es Dios quien lo pone en nosotras: «Pues Dios es quien produce en ustedes tanto el querer como el hacer para que se cumpla su buena voluntad» (v. 13, NVI). No podemos levantarnos un día y decir «soy una mujer humilde» pero sí podemos orar para que Él ponga en nosotras ese deseo y transforme nuestro corazón. Sí podemos venir humilladas delante de Él, reconociendo nuestra tendencia al orgullo y nuestra falta de humildad.

Nuestra relación con Dios no puede ser de otra manera que con humildad, con un reconocimiento de quién es el barro y quién el alfarero. Es una relación de dependencia y sumisión a Su autoridad. Es venir ante Él conscientes de que se trata del Dios Soberano. Creo que nuestra generación ha perdido esto de vista. ¿De dónde sacamos que podemos dar órdenes a Dios, declarar cosas con una autoridad que no tenemos realmente? No hay nada de humildad en esa actitud. ¡Al contrario!

Cuando hablamos del orgullo mencionamos algunos pasajes, ahora quisiera hacer lo mismo con relación a la humildad y lo que Dios dice para los humildes. De nuevo, toma tiempo para leerlos aunque los conozcas.

Dios escucha a los humildes: «*Oh Señor, Tú has oído el deseo de los humildes; Tú fortalecerás su corazón e inclinarás Tu oído*» (Sal. 10:17).

Dios muestra el camino a los humildes: «*Dirige a los humildes en la justicia, y enseña a los humildes su camino*» (Sal. 25:9).

Dios atiende al humilde: «*Pero a este miraré: Al que es humilde y contrito de espíritu, y que tiembla ante Mi palabra*» (Isa. 66:2).

Dios muestra Su gracia al humilde: «... *Por eso dice: "Dios resiste a los soberbios, pero da gracia a los humildes"*» (Sant. 4:6).

Dios bendice al humilde: «*Bienaventurados los humildes, pues ellos heredarán la tierra*» (Mat. 5:5).

Está claro entonces que así como Dios detesta el orgullo, estima la humildad. Y es interesante que la palabra «humildad» también puede traducirse como «mansedumbre».

Uno de los problemas con esta virtud es que para muchos es sinónimo de debilidad de carácter o cobardía. Pero nada más lejos de la realidad. De hecho, en el griego del Nuevo Testamento, idioma en que se escribió este pasaje, el término «humilde o manso» que aparece en Mateo 5:5 se usaba para «describir un caballo que había sido domado. Se refiere a poder bajo control».[4] ¡Qué gran diferencia a la manera en que nosotros la vemos!

La mansedumbre es ese rasgo de Jesús que Él mismo nos invita a imitar: «Tomen Mi yugo sobre ustedes y aprendan de Mí, que Yo soy manso y humilde de corazón, y HALLARÁN DESCANSO PARA SUS ALMAS» (Mat. 11:29). Y aunque no voy a detenerme mucho en este pasaje en particular porque lo visitaremos en otro capítulo, sí quiero destacar el hecho de que Jesús resalte que la humildad y la mansedumbre traen descanso a nuestra alma.

En la *Biblia de Estudio para Mujeres* publicada por B&H Español encontramos esta nota con respecto a las personas mansas: «Se trata de aquellos que, bajo las presiones de la vida, han aprendido a someter su voluntad y dejar de lado sus propios intereses ante la grandeza y la gracia de Dios».[5] ¿Cómo reaccionamos ante las presiones de la vida? Es tan fácil y «natural» una actitud que reclama, una actitud de creer que tenemos derecho a algo o, peor todavía, la actitud que nos hace creer que merecemos esto o aquello, es la actitud que reclama a Dios. El asunto es que la mansedumbre no es normal para nosotros, no nacemos así, ¡es fruto del Espíritu! Y por eso requerimos que Él obre a diario en nuestra vida para producirla. Un corazón humilde es un corazón que vive, que camina en el Espíritu.

¿Qué quiere decir caminar en el Espíritu en lo que a humildad se refiere? Veamos un pasaje de Gálatas que nos puede ayudar a entenderlo mejor.

«Digo, pues: anden por el Espíritu, y no cumplirán el deseo de la carne. Porque el deseo de la carne es contra el Espíritu, y el del Espíritu es contra la carne, pues estos se oponen el uno al otro, de manera que ustedes no pueden hacer lo que deseen» (5:16-17).

«Por eso les digo: dejen que el Espíritu Santo los guíe en la vida. Entonces no se dejarán llevar por los impulsos de la naturaleza pecaminosa. La naturaleza pecaminosa desea hacer el mal, que es precisamente lo contrario de lo que quiere el Espíritu. Y el Espíritu nos da deseos que se oponen a lo que desea la naturaleza pecaminosa. Estas dos fuerzas luchan constantemente entre sí, entonces ustedes no son libres para llevar a cabo sus buenas intenciones» (5:16-17, NTV).

Caminar en el Espíritu en lo que a humildad concierne, o a cualquier otra cosa, quiere decir rendirnos al Espíritu de Dios que vive en nosotros; implica reconocer el orgullo en mi corazón, arrepentirme de él y actuar de acuerdo con esa nueva vida que ahora tengo en Cristo. Es, como dice la traducción NTV: «... dejar que el Espíritu Santo [nos] guíe en la vida» y no actuar según los impulsos de nuestra naturaleza pecaminosa. Los deseos de nuestro corazón corren hacia el orgullo, los del Espíritu hacia la humildad.

Cuando la Biblia habla de andar o caminar, por lo general se refiere a un modo de vida. El modo de vida que tenemos al recibir un nuevo corazón en Cristo está gobernado por Su Espíritu, y Su poder en nosotras nos permite pensar de manera diferente, actuar de manera diferente, tener, como dice Pablo, una perspectiva del Espíritu en la vida: «Sin embargo, ustedes no están en la carne sino en el Espíritu, si en verdad el Espíritu de Dios habita en ustedes...» (Rom. 8:9).

Sí, la vida cristiana es una lucha, una lucha entre la carne y el Espíritu, entre el pecado que mora en nosotras y la nueva naturaleza en Cristo. Sin embargo, tenemos a Cristo. En Su victoria podemos descansar, incluso cuando perdemos algunas batallas.

Guardar mi corazón del orgullo para que viva en humildad

No quisiera terminar este capítulo sin hablar de medidas preventivas, aquello que podemos hacer para guardar nuestro corazón, para vivir en esta nueva vida que ahora Cristo nos ha dado. No son ideas mías ni de ningún otro ser humano, son las verdades de la Palabra de Dios que aplican a nuestro diario vivir. Aunque la Escritura es un libro sobre Dios porque es Su historia, no la nuestra, debemos recordar que al leer un pasaje podemos hacernos algunas preguntas, por ejemplo: ¿Cómo lo vivo? ¿Qué cambio puedo hacer en mi vida? ¿Qué aprendo de este pasaje? ¿Recibo aliento con este texto? ¿Me presenta un desafío? Así que, con esa idea, veamos algunos pasajes que hablan directo a nuestra vida cotidiana sobre el orgullo y la humildad.

Por la gracia que se me ha dado, les digo a todos ustedes: Nadie tenga un concepto de sí más alto que el que debe tener, sino más bien piense de sí mismo con moderación, según la medida de fe que Dios le haya dado. (Rom. 12:3, NVI)

Dentro del contexto del pasaje, la exhortación que el Señor nos hace por medio de Pablo es que usemos nuestros dones espirituales con humildad, reconociendo que somos parte del cuerpo donde cada cual ejerce una función según el don que ha recibido. El propósito de los dones es servir. Es para servir a los demás con lo que Dios me ha dado, soy una administradora, no dueña. Efesios 4:11 nos enseña que los dones son para la edificación de otros en el cuerpo de Cristo. No es para alcanzar una posición, ni renombre. Los dones han sido dados para edificar vidas, para servirles.

Cristo vino a servirnos, como vimos antes, y lo hizo hasta la muerte. Su ministerio fue de servicio, en obediencia a Dios. Entonces, entender que nuestros dones son para servir a los demás y actuar de esa manera es una decisión transformadora que guardará nuestro corazón del orgullo.

Mis queridos hermanos, no se engañen. Toda buena dádiva y todo don perfecto descienden de lo alto, donde está el Padre que creó las lumbreras celestes, y que no cambia como los astros ni se mueve como las sombras. Por su propia voluntad nos hizo nacer mediante la palabra de verdad, para que fuéramos como los primeros y mejores frutos de su creación. (Sant. 1:16, NVI)

Una vida de gratitud. Nacer de nuevo, por la Palabra de verdad, mediante Cristo, es un regalo de Dios. No hicimos nada para merecerlo. Un corazón humilde reconoce este regalo y vive con eterna gratitud.

Vivan en armonía unos con otros. No sean tan orgullosos como para no disfrutar de la compañía de la gente común. ¡Y no piensen que lo saben todo! (Rom. 12:16, NTV)

El corazón nuevo, despojado del orgullo, no hace distinción de personas, sino que trata a todos por igual, independientemente de su estatus económico, raza o nivel intelectual. Si nuestro círculo solo se reduce a quienes son como nosotras, o si ignoramos o rechazamos a quienes no lo son, ¡no hemos entendido el evangelio! Hemos recibido de gracia, y de gracia debemos dar. No nos hemos ganado el título de hijas de Dios, fue un regalo. Así que no hay nada de lo cual gloriarnos ni tampoco debemos creer que somos parte de un club exclusivo.

El orgullo lleva a conflictos; los que siguen el consejo son sabios (Prov. 13:10, NTV).

Es tan fácil dejarnos llevar por el orgullo de nuestro corazón, al punto de preferir el conflicto con tal de no ceder, no rendir nuestra opinión, no buscar consejo y creer que siempre tenemos la razón. Cuando el orgullo nos dirige, terminamos haciendo cosas, tomando decisiones que luego lamentamos. No actuamos con sabiduría.

Muchos conflictos familiares, en la iglesia y en cualquier otra relación, podrían evitarse si tan solo reconociéramos el orgullo, lo confesáramos y buscáramos la humildad. ¡Es posible! Recuerda, es parte del fruto del Espíritu, Él lo puede hacer en nosotras.

Delante de la destrucción va el orgullo, y delante de la caída, la arrogancia de espíritu (Prov. 16:18).

El orgullo destruye vidas porque solo piensa en sí mismo, no toma en consideración la opinión ni los sentimientos de los demás. El orgullo es un tirano que tarde o temprano termina por hacer caer a sus súbditos.

Él te ha declarado, oh hombre, lo que es bueno. ¿Y qué es lo que demanda el SEÑOR de ti, sino solo practicar la justicia, amar la misericordia, y andar humildemente con tu Dios? (Miq. 6:8)

Finalmente, aunque podríamos hablar mucho más, vivir humildemente es algo que Dios requiere de nosotros, que reconozcamos cada día de nuestra vida quién es Él y que esa sea nuestra respuesta ante la obra redentora de Cristo en nosotros. Las palabras de Charles Spurgeon lo resumen de manera hermosa: «Cuando nuestro caminar en humildad con Dios se vuelve sumamente cercano y claro, nos sentimos pasmados y maravillados ante la condescendencia que nos permite pensar en hablar con el Eterno… Caminar humildemente con Dios implica un profundo respeto por Su voluntad y una feliz sumisión a ella».[6]

Al comienzo de este capítulo citamos Mateo 5:5, una de las bienaventuranzas. La recompensa de los humildes es esta: *ellos heredarán la tierra.* A la luz de toda la Escritura podemos entender que no se refiere a los beneficios temporales, pasajeros del aquí y el ahora. La promesa es para el día final, cuando el Señor hará nuevas todas las cosas; cuando los humildes, que no buscaron un lugar para sí, recibirán el lugar que Cristo ha ido a preparar.

Ayúdanos, Señor, a vivir de esta manera, con un corazón humilde y despojado del orgullo como el de Cristo Jesús.

PARA RECORDAR

Nacemos con un corazón orgulloso, y Dios aborrece el orgullo.

Cuando presumimos de orgullo espiritual, despreciamos la gracia de Dios.

La verdadera humildad es una virtud antinatural que solo Cristo puede producir en nosotras.

Para caminar en humildad tengo que rendirme al Espíritu de Dios, reconocer el orgullo en mi corazón y arrepentirme de él.

PARA REFLEXIONAR

1. ¿Por qué el orgullo es un pecado? ¿Cómo describe la Biblia el orgullo?

2. Al leer este capítulo, ¿te reveló el Señor aspectos de orgullo en tu vida? Toma un tiempo ahora para orar al respecto. Quizá sea necesario hacer una llamada, tener una conversación con alguien…

3. ¿Qué es para ti una persona humilde? ¿Cómo la describe la Biblia?

4. Lee estos pasajes de la Escritura: Lucas 2:1-7; Juan 13:1-17; Mateo 21:1-5. ¿Qué nos dicen sobre Cristo? ¿Cómo hablan a nuestra vida?

6

EL CORAZÓN Y LA MISERICORDIA

Bienaventurados los misericordiosos, pues ellos recibirán misericordia.
Mateo 5:7

«La prisión más miserable del mundo es la prisión que nos hacemos cuando nos negamos a mostrar misericordia».—Warren Wiersbe

Ciertas palabras poco a poco caen en desuso en los distintos idiomas. Algunas solo se usan en determinados círculos, y así se vuelven casi desconocidas para el resto. Tal es el caso del término «misericordia». No es una palabra común en las conversaciones del día a día, con excepción tal vez de los círculos cristianos.

La palabra misericordia proviene del latín *misereri* que significa «tener piedad», y *cor, cordis*, «corazón»; «tener piedad de corazón».[1] Además, se le añade el sufijo *-ia* que indica «hacia los demás». Así que, si fuéramos a definirlo en una oración sería: tener piedad de corazón hacia los demás.

Tal vez, como yo, no habías pensado mucho en todo esto porque estamos muy acostumbradas a leerla en la Biblia, a escucharla e incluso a usarla cuando oramos. Sin embargo, misericordia es mucho más que un vocablo, más que una de las palabras de nuestro léxico cristiano. Misericordia es uno de los rasgos del carácter de Dios, uno de Sus atributos, y algo que Él también pone en nosotros al darnos un corazón nuevo. La misericordia debe caracterizar nuestra vida; sin embargo, creo que para entenderla mejor es importante primero definir qué es la misericordia cuando hablamos de Dios.

Dice el *Diccionario Bíblico Ilustrado Holman* que «la misericordia que proviene de Dios es la base del perdón divino. Es Su amor fiel e inconmovible. [...] La misericordia nunca fue un beneficio obtenido por el pueblo de Dios en base a méritos propios sino que siempre constituye un don divino».[2]

Dicho en pocas palabras, Dios nos perdona basado en Su misericordia, no porque lo merezcamos. Se apiada de nosotros. La misericordia es Su prerrogativa, es decir, es potestad de Él. La muestra cuando quiere y a quien quiere: «¿Qué diremos entonces? ¿Que hay injusticia en Dios? ¡De ningún modo! Porque Él dice a Moisés: "TENDRÉ MISERICORDIA DEL QUE YO TENGA MISERICORDIA, Y TENDRÉ COMPASIÓN DEL QUE YO TENGA COMPASIÓN". Así que no depende del que quiere ni del que corre, sino de Dios que tiene misericordia» (Rom. 9:14-16, LBLA). Pero Su misericordia no es escasa, es abundante: «El SEÑOR, el SEÑOR, Dios compasivo y clemente, lento para la ira y abundante en misericordia y verdad» (Ex. 34:6). Y, además, es nueva cada mañana, no se agota (Lam. 3:22-23, NVI). ¡Qué bueno es recordar esa verdad!

Si al estar leyendo estas palabras ya has puesto tu confianza y fe en la obra salvadora de Cristo, si ya tu vida es nueva, si ya sabes que antes estabas muerta pero ahora vives, ¡entonces sabes lo que es la misericordia! Y no hay regalo que nos haga sentir más indignas que este, porque cada una de nosotras sabe que no lo merecíamos, ¿verdad? Sin embargo, lo hemos recibido. ¡Gloria a Dios eternamente por eso!

De modo que, en este sentido, la misericordia y el perdón van de la mano, pero la misericordia de Dios no se limita solo a esto. En el Nuevo Testamento la palabra misericordia se traduce de varias maneras, como compasión, propiciación. Ahora bien, mi propósito con este libro no es adentrarnos en las implicaciones o intricaciones teológicas de la misericordia. En este caso lo que perseguimos es entender qué es la misericordia de Dios y cómo ella transforma nuestro corazón. Así que, ahora que entendemos el significado de la palabra y cómo describe a Dios porque es uno de Sus atributos, veamos qué alcance tiene esto en nuestra vida cotidiana. Puesto que de esta manera Dios trata con nosotros, también espera que seamos un pueblo de misericordia, y Cristo es nuestro mejor ejemplo. Él encarnó la misericordia de Dios.

MÁS ALLÁ DEL SENTIMIENTO

La misericordia de Dios va más allá de un sentimiento; se refleja en acción. Como ya vimos, la misericordia lo mueve a perdonarnos. Y la misericordia lo mueve a actuar. Si examinamos el ministerio terrenal de Jesús, encontramos varios ejemplos de lo que significa misericordia en acción. Veamos unos pocos.

«Cuando Jesús desembarcó, vio una gran multitud, y tuvo compasión de ellos y sanó a sus enfermos» (Mat. 14:14). La acción, en este caso la sanidad, vino como resultado de la misericordia.

«Entonces Jesús, llamando junto a Él a Sus discípulos, les dijo: "Tengo compasión de la multitud, porque ya hace tres días que están aquí y no tienen qué comer; y no quiero despedirlos sin comer, no sea que desfallezcan en el camino"» (Mat. 15:32). La alimentación de aquella multitud fue también consecuencia de un acto de misericordia.

«Y cuando se acercaba a la puerta de la ciudad, sacaban fuera a un muerto, hijo único de su madre, y ella era viuda; y un grupo numeroso de la ciudad estaba con ella. Al verla, el Señor tuvo compasión de ella, y le dijo: "No llores" [...] El que había muerto se incorporó y comenzó a hablar, y Jesús se lo entregó a su madre» (Luc. 7:12-13, 15). La compasión fue lo que motivó la resurrección de este joven.

¿Qué busco con estos ejemplos? Que entendamos que para Cristo la misericordia era mucho más que sentir tristeza o dolor, la compasión le impulsaba a actuar a favor de la gente, sin importar quiénes fueran o lo que hubieran hecho. Y eso también es lo que Él espera de nosotros. Lamentablemente, muchas veces es fácil «sentir» misericordia, pero algo muy diferente es vivir mostrando misericordia.

En la conocida parábola del buen samaritano, al final de la historia, Jesús le hace una pregunta al intérprete de la ley: «¿Cuál de estos tres piensas tú que demostró ser prójimo del que cayó en manos de los salteadores?». El intérprete de la ley respondió: «El que tuvo misericordia de él». Entonces el diálogo termina con una famosa declaración de Jesús: «Ve y haz tú lo mismo» (ver Luc. 10:30-37). Amiga lectora, somos producto de la misericordia de Dios, y muy a menudo clamamos por Su misericordia porque todavía pecamos, porque vivimos en un mundo caído donde sufrimos dolor, enfermedades, tragedias, huracanes, terremotos, inundaciones, desastres económicos, pandemias y mucho más. Clamamos a Él porque tenemos la certeza de que Su misericordia es nueva cada día, que no se agota, que es abundante. Pero la verdad es que no siempre vivimos una vida de misericordia en acción. Nos cuesta por el pecado del egoísmo. Nos cuesta porque es más fácil hablar que actuar, ¿verdad?

Hace muchos años leí un libro que marcó mi vida para siempre. Es una novela y tal vez la reconozcas, *En sus pasos: qué haría Jesús*. La premisa del libro es usar esa frase como punto de partida para la vida cotidiana. Un domingo en la mañana durante un servicio en la iglesia, los personajes, desafiados por un hombre vagabundo, comienzan a hacerse esa pregunta ante cualquier situación. Dicho en lenguaje bíblico, buscar andar como Cristo anduvo. El resultado fue una revolución en la vida de la ciudad. Entre otras cosas, muchos de los personajes comenzaron a mostrar misericordia donde antes solo había indiferencia y falta de compasión.

Con esto no estoy promoviendo un evangelio social; simplemente debemos hacernos un llamado a la obediencia porque Cristo nos pide que mostremos misericordia en acción. Eso luce diferente en las vidas de cada una, según las circunstancias, el lugar, las oportunidades que Dios nos dé, pero sin dudas, no es opcional. Cada persona es un portador de la imagen de Dios, y ese es móvil suficiente para que practiquemos la misericordia. Las palabras de Dios por medio del profeta Oseas nos llaman a la reflexión hoy: «Porque misericordia quiero, y no sacrificio, y conocimiento de Dios más que holocaustos» (6:6, RVR1960).

En el contexto histórico, es decir, para el momento en que este pasaje fue escrito, el pueblo continuaba presentando a Dios sus sacrificios y holocaustos, pero su corazón estaba muy lejos de Él, y se habían alejado porque no le conocían realmente. El asunto es que, mientras más conocemos a Dios y lo que Él ama y ordena, más nuestras vidas lo reflejarán. Pero hay una diferencia entre mero conocimiento y transformación del corazón. El conocimiento de ritos, costumbres, frases, canciones cristianas o himnos, incluso de la Biblia en sí y sus doctrinas, no es conocimiento de Dios. Eso puede ser conocimiento *sobre* Dios. Conocer a Dios, saber quién es, Su santidad, Su grandeza, Su amor salvador, Su justicia plena es lo que cambia la vida cuando conocemos a Cristo. Y nos lleva a amar en verdad lo que Él ama, como dijo también el profeta Miqueas:

«Él te ha declarado, oh hombre, lo que es bueno. ¿Y qué es lo que demanda el SEÑOR de ti, sino solo practicar la justicia, amar la misericordia, y andar humildemente con tu Dios?» (Miq. 6:8).

Amar la misericordia. No es cuestión de hacer algo para aplacar nuestras conciencias. Es amar el vivir de esta manera, porque Dios lo ama. ¡Tantas veces pecamos por indiferentes! Tenemos la posibilidad de ayudar, pero preferimos no hacerlo. Escuché una estadística que me dejó helada. Decían que el cristiano estadounidense promedio gasta más en comida para perros que en apoyo a las misiones. Y, aunque no vivas en Estados Unidos, el principio es aplicable. No me malentiendas, tenemos un perro en casa y nos gusta cuidarlo bien, pero ¡despertemos! La Palabra de Dios está llena de declaraciones donde Él nos revela Su corazón, Su amor hacia los más pobres y necesitados, y nuestra responsabilidad para con los desvalidos e indefensos. Tenemos muchas, muchas oportunidades de ayudar y mostrar misericordia.

En su carta a los filipenses, Pablo nos recuerda que nuestras ofrendas son «un sacrificio de olor fragante aceptable y agradable a Dios» (4:18, NTV). Tenemos la excelente oportunidad de ser socias de Dios, por decirlo de alguna manera, en esta empresa. Invirtamos en Su reino. Si no puede ser mucho, no importa. Lo que tengamos. Recordemos a la viuda, dio todo lo que poseía y aunque apenas tenía valor económico, sí lo tuvo ante los ojos de Jesús porque Él miró su corazón.

Oremos para que el nuestro no se endurezca con el egoísmo, sino que se duela ante la necesidad y pasemos de la emoción a la decisión, a mostrar misericordia, como lo haría Jesús. Un corazón nuevo no puede retener todo lo que ha recibido, incluyendo la misericordia.

MISERICORDIA Y PERDÓN

Como vimos al principio del capítulo, la misericordia y el perdón van de la mano. El asunto es que cuando se trata de recibir misericordia, perdón de Dios, estamos prestas. Pero, ¿y cuando tenemos que mostrar misericordia al perdonar a otros?

Siempre creí que perdonar para mí era fácil, que pasar por alto las ofensas era asunto de segundos, que olvidar las heridas no requería esfuerzo. Hasta que un día desperté de ese sueño ingenuo, y Dios me mostró lo engañada que estaba. Sí, quizá ofrecía el perdón de dientes hacia afuera, pero en mi corazón la muralla comenzaba a levantarse. Me di cuenta de que, aunque la persona me pidiera perdón, yo quería retenerlo, quería que mi ofensor hasta cierto punto experimentara un «castigo» que se traducía en trato frío, distante. Los casos peores eran aquellos en que la persona no pedía perdón. Y digo peor porque entonces la batalla en la mente arreciaba para hacerme olvidar que en realidad el perdonar está en nuestras manos, aparte de la reacción de los demás.

No sé si has estado ahí alguna vez, o si estás ahora mismo. Quizá conoces a alguien que esté viviendo una lucha con el perdón. Y por eso quiero compartir esta sección, porque creo que es necesario que entendamos que un corazón nuevo muestra misericordia al perdonar... porque ha sido perdonado.

A la luz del perdón que hemos recibido de Dios, no nos queda otra opción que extender perdón a otros. Mira lo que dice Colosenses 3, en el versículo 13: «Soportándose unos a otros y perdonándose unos a otros, si alguien tiene queja contra otro. Como Cristo los perdonó, así también háganlo ustedes». Dos veces en un mismo versículo se nos llama a ejercer el perdón. Y, ¿notaste algo?, no se habla en ningún momento de si la otra persona nos pide perdón, entonces la perdonamos. ¡Al contrario! Se nos dice que si tenemos queja contra alguien, le perdonemos. ¿Fácil? Ya sé que no lo es, pero hacerlo es una muestra de obediencia a Dios, como ya vimos, y también es liberador. Nos libera de la enredadera venenosa que crece dentro del corazón que se niega a perdonar. Te lo digo porque lo he experimentado. Mientras más tiempo nos demoramos en perdonar, más se enferma el corazón de resentimiento, rencor y amargura.

En su libro *In His Image* [A Su imagen], Jen Wilkin plantea lo siguiente: «Por causa de la misericordia de Dios, sacrificamos nuestra amargura y rencores en aras de extender el perdón. También sacrificamos nuestras heridas reales, el dolor de un rechazo injusto o el sufrimiento por una herida inmerecida. Se los entregamos a Dios, recordamos que Cristo soportó lo mismo de parte de nosotros y por nosotros, y en un grado mucho mayor».[3]

No sé a ti, pero esas palabras calan mi corazón. Perdonar es un sacrificio, algo que nos duele y nos cuesta. Cuando elegimos perdonar, sacrificamos el «derecho» que consideramos tener a la amargura y el rencor. Cuando optamos por perdonar, elegimos pasar por alto la herida, la ofensa, la injusticia. Renuncio a hacer que la persona pague lo que me debe y, en cierto sentido, asumo yo el pago. Como dijera Tim Keller: «En todos los casos, cuando se hace mal, hay una deuda y no hay forma de lidiar con ella sin sufrimiento: o haces que el autor sufra por ella o la perdonas y la sufres tú mismo».[4]

Veamos un ejemplo. Si yo te presto una cartera, y a ti se te pierde, tenemos dos opciones: o me das el dinero que me costó o compras una cartera nueva. Así yo recupero mi cartera. La otra opción es que yo te diga que te olvides de la cartera y simplemente me quedo sin ella o voy y compro otra. Estoy asumiendo el costo de haberte perdonado por perder mi cartera. El perdón tiene un costo, sea como sea.

Eso fue lo que hizo Cristo por nosotras. Él pago la deuda y también renunció a su derecho, Él hizo el sacrificio. Mira lo que dice 1 Pedro 2:23: «...y quien cuando lo ultrajaban, no respondía ultrajando. Cuando padecía, no amenazaba, sino que se encomendaba a Aquel que juzga con justicia». Eso es lo que hace quien perdona, renuncia a su derecho y se lo entrega a Dios. ¿Recuerdas las palabras de Jesús en la cruz? Perdónalos. Él tenía el derecho de tomar venganza, de defenderse, y podía hacerlo, ¡era el Hijo de Dios, sin pecado, sin culpa! Pero renunció al derecho y se encomendó al que juzga con justicia, al Padre.

Por eso decimos que perdonar es un sacrificio, una renuncia. Voy ante Dios reconociendo mi incapacidad de perdonar, reconociendo mi deseo de vengarme o de tomar represalias o de no perdonar, y recuerdo que Cristo lo hizo por mí, y por eso ahora yo puedo perdonar también, sacrifico mi dolor y mi amargura en el altar de Su justicia.

Pero es crucial que entendamos que no lo hacemos porque seamos mejores seres humanos, ni porque así nos sentiremos mejor, eso es lo que el mundo nos enseña. Esa motivación es egoísta y, por lo tanto, pecaminosa. Perdonamos porque queremos honrar a Dios con nuestra obediencia, porque el perdón no es alternativo ni opcional. Perdonamos porque es lo que Dios hizo con nosotros, lo hace cada día. Perdonamos porque hemos recibido un nuevo corazón como resultado del perdón.

Un adagio popular recita: «Yo perdono, pero no olvido». Es cierto, en alguna medida. Los seres humanos no tenemos la capacidad de olvidar que tiene Dios. Las experiencias, las palabras, las imágenes se quedan grabadas en nuestra mente para siempre, incluso cuando no las recordemos. De modo que no podemos olvidar en el sentido más estricto de la palabra. Sin embargo, sí podemos decidir no revivir el pasado, lo que supuestamente ya perdonamos. En algunos lugares le llaman «no sacar los trapos sucios». Una definición menos coloquial podría ser: no guardar rencor; porque eso es justo lo que hacemos cuando «sacamos los trapos sucios», hemos dado lugar al rencor. Y el rencor es una prisión.

No sé si alguna vez has estado en una prisión. Yo no he vivido la experiencia literal, pero hace un tiempo sí tuve la oportunidad de visitar la antigua y célebre cárcel de Alcatraz. Es un lugar paradójico porque combina jardines hermosos, el bello paisaje de la ciudad de San Francisco y la dureza y soledad de una prisión construida en una isla en medio de las frías aguas de la bahía.

Para llegar hasta Alcatraz debes tomar un ferry. El único problema es que una vez que te bajas de la embarcación, quedas «presa» allí hasta que puedas regresar a la ciudad en el próximo barco. La realidad es que eres una persona libre, pero mientras estés en la isla, no lo sentirás así. Y lo mismo sucede con el rencor, mientras lo guardes en tu corazón, aunque puedas caminar libre por las calles, tu alma se sentirá presa de esa horrible emoción.

En el conocido pasaje de 1 Corintios 13, el apóstol Pablo nos dice que el amor «no guarda rencor» (v. 5, NVI). La idea del texto original se acerca más a no llevar un registro de las ofensas recibidas. Eso se parece a lo que mencionábamos de los «trapos sucios», ¿verdad? Es probable que hayas vivido la experiencia alguna vez, eso de que alguien comience a enumerar todas las veces en que fallaste, las palabras que dijiste y que hirieron, las que no dijiste, lo que olvidaste… O tal vez ha sido al revés y eres tú quien saca la lista cada vez que surge un desacuerdo o estás enojada. Puede ser con tu esposo, si eres casada, pero la verdad es que esto aplica a cualquier otra relación. El hábito de llevar un registro de las ofensas es el hábito de vivir en el rencor. ¡Y cuánto dista del modelo que nos da Dios! Mira estos versículos:

«Llevó nuestros pecados tan lejos de nosotros como está el oriente del occidente» (Sal. 103:12, NTV).

«Volverá a compadecerse de nosotros, eliminará nuestras iniquidades. Sí, arrojarás a las profundidades del mar todos nuestros pecados» (Miq. 7:19).

«Yo, Yo soy el que borro tus transgresiones por amor a Mí mismo, y no recordaré tus pecados» (Isa. 43:25).

Dios enseña claramente que el rencor para con los suyos no existe en Su vocabulario, y tampoco debería estar en el nuestro. En Su amor Él perdona, y punto.

Pensando en esos pasajes y en lo que significa el perdón, podríamos decir: El verdadero amor perdona. Decide tomar el registro de las ofensas, hacerlo pedazos y lanzarlo al viento para que lo esparza y no quede nada. En la práctica no siempre es fácil. Algunas cosas duelen tanto que luchan por quedarse ahí, vivas y latentes. Luchan por aprisionarnos y quitarnos el gozo. El rencor es eso, una cárcel. Y una cárcel solitaria porque en la mayoría de los casos, aquel que guarda rencor lo hace solo, y tiende a aislar a todos los demás.

Mi querida amiga, si Dios que es santo, perfecto, nos dice que arroja nuestros pecados al fondo del mar, para siempre, ¿quiénes somos nosotras para adjudicarnos el derecho a no perdonar, a guardar rencor? Y tal vez nunca lo habías pensado, pero guardar rencor, además de hacernos infelices y solitarias, tiene consecuencias aún más graves:

«Cuando estén orando, primero perdonen a todo aquel contra quien guarden rencor, para que su Padre que está en el cielo también les perdone a ustedes sus pecados» (Mar. 11:25, NTV).

Está claro que el perdón de Dios para salvación no depende de nosotros, eso Él lo hace porque quiere, de manera que no es a eso a lo que se refiere el texto. Si te fijas, Jesús estaba hablando sobre la oración. Que Dios nos escuche no es tampoco un derecho, es algo que se nos otorga por gracia. Aquí aprendemos que si nosotros no podemos perdonar las ofensas de otros, ¿cómo entonces podemos acercarnos a Dios a pedir perdón porque, por ejemplo, perdimos la paciencia al tratar con otra persona? Si retenemos a otros el perdón, si guardamos rencor, no hemos comprendido realmente lo que de gracia hemos recibido, el perdón de nuestros pecados, el acceso al Padre, la vida nueva. Un corazón nuevo es un corazón perdonador porque él mismo ha recibido el más grande perdón.

¿Recuerdas lo que te mencioné sobre Alcatraz un poco antes? Solo una vez hubo un escape «exitoso» de esa prisión. Y la realidad es que, aunque aquellos tres prófugos lograron salir, no se sabe a ciencia cierta si sobrevivieron. La investigación sigue abierta desde 1962. Sin embargo, suponiendo que sí lo lograron, vivir como un prófugo no es vivir en libertad. Y vivir tratando de ocultar el rencor, sin perdonar, es vivir como prófugo. Tú y yo tenemos la oportunidad de disfrutar de libertad completa porque estamos en Cristo.

UNA HISTORIA BÍBLICA DE PERDÓN

Uno de los libros más cortos de la Biblia es Filemón, una carta escrita por Pablo a un cristiano de la iglesia de Colosas a quien él consideraba su colaborador y un hermano amado. Este era un hombre acaudalado quien había abierto su casa para que la iglesia se reuniera.

Filemón tenía un esclavo, Onésimo. Este esclavo huye de su amo, algo que solía ocurrir en aquellos tiempos. Es probable, según el texto, que Onésimo hubiera robado algo a su amo. Ahora era un fugitivo. Por providencia de Dios, Onésimo llega a Roma y de alguna manera tiene un encuentro con Pablo que lo lleva a conocer el evangelio (v. 10). De hecho, Pablo lo llama «su hijo», obviamente un hijo espiritual. Y, según la carta nos indica, Onésimo fue de gran ayuda a Pablo durante un tiempo allí en Roma. No obstante, Pablo sabía que el daño que Onésimo había causado debía ser reparado y por eso lo envía de vuelta a su amo, con esta carta, donde básicamente le pide que lo perdone y lo reciba, ya no como un esclavo sino como un hermano en la fe. Esto no es tan sencillo como parece porque Filemón, por ley, tenía todo el derecho de castigar a Onésimo.

El texto de la carta nos enseña que Filemón era un hombre que amaba a los demás porque el amor de Cristo lo había transformado: «Doy gracias a mi Dios siempre, haciendo mención de ti en mis oraciones porque oigo de tu amor y de la fe que tienes hacia el Señor Jesús y hacia todos los santos» (vv. 4-5). Su amor por otros era tal que se convertía en consuelo para ellos (v. 7). El nuevo corazón de Filemón le hacía actuar de esa manera. Y ¿sabes?, no es que Filemón viniera de otra galaxia. Fue tan humano como lo somos tú y yo. ¡Pero tenía a Cristo y Cristo estaba imprimiendo su carácter en él mediante Su Espíritu! Este es el carácter de alguien que camina en el Espíritu, que muestra Su fruto. Es imposible perdonar si nuestro corazón no ha sido regenerado por la obra salvadora de Jesús, y tampoco si no estamos llenas del Espíritu de Dios, porque perdonar es antinatural.

Así que Pablo le escribe y le hace una petición, tomando como base el nuevo corazón de Filemón porque en el versículo 8 encontramos esta pequeña frase: por lo cual. Es decir, debido a que eres alguien que ama, que tiene fe en Jesús… debido a ese carácter que ahora tienes, Filemón, te pido que hagas algo, ¡y te pido que lo hagas por amor! En ningún momento Pablo minimiza lo sucedido, él reconoce que Onésimo había hecho algo malo al huir de su amo, y eso era castigable. Pero le pide a Filemón que, en lugar de escoger el camino de las represalias, en lugar de ejercer su derecho, haga un sacrificio y renuncie, que escoja el camino del amor (v. 17). Eso es perdonar; no es olvidar lo que ha sucedido, es escoger el camino del amor. Y podemos hacerlo porque ya Cristo lo hizo por nosotras. Hermana, perdonar sana el corazón porque escogemos no llevar una lista de las ofensas recibidas y nos revestimos del amor de Dios, no del nuestro.

¿Recuerdas cuando mencionamos que el perdón siempre tiene un costo? Bueno, a Filemón le costaría renunciar a su derecho. Pero, además, Pablo ofrece asumir cualquier tipo de costo material que implicara la huida de Filemón: «Si te ha perjudicado en alguna forma, o te debe algo, cárgalo a mi cuenta» (v. 18). ¡Qué belleza, qué muestra de amor! Eso es caminar en los pasos de Jesús.

Casi al final de la carta, Pablo le expresa a Filemón su confianza en que el perdón sería otorgado por una sencilla razón: la obediencia

(v. 21). Él tenía la certeza de que el corazón nuevo en Filemón le llevaría a obedecer y, por ende, perdonar. Y en caso de que a Filemón le surgieran dudas, Pablo le recuerda la gracia de Dios (v. 25). Es como si le dijera: «Filemón, para perdonar a Onésimo tienes la gracia de Dios. Con eso es suficiente».

Amiga lectora, estos no son personajes ficticios de una linda novela. Son personas, como nosotras, que vivieron situaciones muy reales. Las circunstancias pueden variar, pero los principios son los mismos. Un corazón nuevo, regenerado, puede perdonar porque ha sido perdonado y transformado por la gracia de Dios.

Un testimonio

Hay una historia que quizá conozcas, la de Corrie Ten Boom. Ella y su familia, cristianos que vivieron en Holanda durante la Segunda Guerra Mundial, fueron enviados a campos de concentración nazi por ocultar judíos en su casa. Los horrores que sufrieron son indescriptibles. Corrie sobrevivió para contar lo sucedido. Aunque aquí no puedo entrar en detalles, te hablo de ella porque su vida es un testimonio de la misericordia en forma de perdón.

En 1947 Corrie se vio frente a uno de los guardias que más les hizo sufrir, a ella y su hermana, en los campos de concentración. Su hermana murió en el campo donde este hombre era uno de los principales. Él se le acercó para confesarle que ahora era cristiano y quería pedirle perdón. Esto es lo que ella contó:

«Y aun así me quedé allí con la frialdad apretando mi corazón. Pero el perdón no es una emoción, yo también lo sabía. El perdón es un acto de la voluntad, y la voluntad puede funcionar independientemente de la temperatura del corazón.

—¡Jesús, ayúdame!—oré en silencio—. Puedo levantar mi mano. Yo puedo hacer eso. Dame tú el sentimiento.

Y de manera muy mecánica, como si fuera de madera, extendí mi mano hacia la que estaba extendida. Y al hacerlo, ocurrió algo increíble. Comenzó una corriente en mi hombro, corrió por mi brazo, saltó a nuestras manos unidas. Y entonces esa calidez sanadora pareció inundar todo mi ser y trajo lágrimas a mis ojos.

—¡Te perdono, hermano!—lloré—. ¡Con todo mi corazón!

Durante un largo momento nos sostuvimos las manos, el exguardia y la exprisionera. Nunca había conocido el amor de Dios tan intensamente como entonces.

Y después de haber aprendido a perdonar en esta, la situación más difícil de todas, nunca más tuve dificultad para perdonar: ¡ojalá pudiera decirlo! Desearía poder decir que los pensamientos misericordiosos y buenos fluyeron naturalmente en mí a partir de entonces. Pero no fue así. Si hay una cosa que he aprendido a los 80 años es que no puedo almacenar buenos sentimientos y comportamiento, solo puedo sacarlos de Dios, cada día».[5]

Sí, Corrie tenía razón, no podemos producirlo nosotras mismas, pero tenemos quien sí lo puede hacer. Mira lo que dice la Escritura en Romanos 5:

«Y la esperanza no desilusiona, porque el amor de Dios ha sido derramado en nuestros corazones por medio del Espíritu Santo que nos fue dado» (v. 5).

El amor de Dios, mediante el Espíritu Santo. Es así que podemos extender la mano cuando el corazón no quiere, cuando la frialdad nos paraliza, solo mediante Su poder en nosotras podemos perdonar, otorgar misericordia y experimentar la sanidad y la libertad del perdón. Sé que hay dolores tan profundos que perdonar a quien los causó pareciera una misión imposible. ¡Pero no para Dios! Busca su ayuda, pídele que te dé la misma gracia que Él nos ha mostrado.

MISERICORDIA, PERDÓN Y LOS LÍMITES

Esta sección, aunque breve, la considero necesaria. Hemos hablado del perdón como una de las mejores y más evidentes expresiones de la misericordia. Sin embargo, es importante que algo quede claro, perdonar no significa que nos sometamos a relaciones abusivas.

Perdonar a una persona es algo que se nos ordena hacer, como ya vimos; pero no olvidemos que no somos Dios. Cuando Él nos perdona, Su relación con nosotros no cambia porque Él es Dios. Siempre nos ama de manera perfecta, nos juzga de manera perfecta y busca nuestro bien porque somos Sus hijos. Nosotros, como seres humanos, no actuamos de la misma manera.

Eso quiere decir que es posible que perdonemos a alguien una ofensa; sin embargo, la ofensa se repite una y otra vez. En casos así, es necesario poner límites. Esto aplica muy bien a los casos de abuso, de cualquier tipo. Mostrar misericordia a una persona no significa permitirle que haga de nosotros una víctima, ni que lo haga con otros. Poner límites en casos así es una muestra de sabiduría y prudencia. Pero eso no quiere decir que no podamos perdonar y pedirle a Dios que nos ayude a bendecir a los enemigos, como dice la Escritura. Y ese proceso, de orar por quienes nos han dañado y herido, también trae sanidad.

DECEPCIONES, PERDÓN Y GRACIA

Decepciones. Todos las sufrimos. También las causamos. A todos nos afectan. Pero tres en una semana me parecía mucho… demasiado. Las emociones todas mezcladas. Enojo. Frustración. Tristeza. Y todas luchando por abrirse paso y salir gritando. Cada una más fuerte que la otra.

Jesús, dame tu perspectiva porque si no, sé que puedo terminar mal. Sé que puedo empañar mi corazón y dejarlo ahogarse con todo lo que sé que no te agrada. Sé que mi viejo yo está luchando por salir.

Quizás tú también has estado ahí, o estás ahora mismo. ¿Qué hacemos con las decepciones? ¿Cómo las procesamos? De nada vale esconderlas o tratar de disfrazarlas, porque en algún momento sacarán las narices. Podemos conversarlas y eso suele mejorarnos. Es necesario en aras de preservar la relación, pero no es suficiente. A veces el dolor de la decepción sigue ahí. En ocasiones yo las escribo, como ya seguro te diste cuenta. Me ayuda. Pero tampoco es suficiente.

¿Sabes lo único que ha sido suficiente para mí? Procesarlas con Jesús. Sí, pedirle Su perspectiva. No quiero que suene simplista. Pero esa fórmula es lo único que ha funcionado con esta hija de Dios que cada día necesita más de Su gracia para poder vivir y ganar las batallas, incluso las de las decepciones.

Fue justo así, tratando de procesar con Jesús las decepciones de mi semana, que Él me lo hizo ver: gracia, tienes que otorgar gracia… como yo te la doy a ti. ¡Y sí que me la otorga! Todos los días me la otorga sin medida porque sigo siendo una pecadora en espera de que llegue el final de la santificación, cuando esté con Cristo para siempre.

Y es que las decepciones muchas veces son el resultado de nuestras expectativas no realistas, de nuestro falso sentido de perfeccionismo que se vuelve pecaminoso. Aquellos que tenemos algo de melancólicos en nuestro temperamento somos propensos al perfeccionismo. El problema es que entre el perfeccionismo y el orgullo hay, como dicen por ahí, una línea muy fina. El perfeccionismo nos lleva a pensar que nadie puede hacer las cosas como nosotros y a no reconocer el esfuerzo de los demás. Y esto nos puede suceder en el mundo profesional, en el hogar y hasta en la iglesia. El pecado del perfeccionismo hace que nos neguemos a otorgar la gracia.

Recuerdo que cuando nuestros hijos eran pequeños, muchas veces tratamos de explicarles la diferencia entre gracia y misericordia, para que pudieran entenderlo. La misericordia de Dios es no darme el castigo que merezco. Gracia es un regalo inmerecido, es recibir algo que no merezco.

«La ley de Dios fue entregada para que toda la gente se diera cuenta de la magnitud de su pecado, pero mientras más pecaba la gente, más abundaba la gracia maravillosa de Dios» (Rom. 5:20, NTV).

Es contradictorio. No debería ser proporcional, pero lo es. Desafiando toda ley matemática, hay una proporción directa. Mientras más pecado hay en nosotros, más abunda la gracia de Dios. Y Él nos pide que hagamos lo mismo: «...de gracia recibieron, den de gracia» (Mat. 10:8).

Pero nos cuesta, nos cuesta mucho... queremos aferrarnos a la decepción, al dolor, al derecho de sentirnos enojadas y frustradas. No queremos regalar gracia ni ofrecer misericordia, ¿te identificas? Y es que la gracia tiene que ir revestida de perdón, de lo que ya hablamos. Es algo intrínseco. No existe manera de conceder gracia sin perdonar. Lo sé, hay dolores más profundos que otros. Hay decepciones que hieren donde nadie puede ver ni llegar, pero Dios sí. Su amor y Su gracia alcanzan hasta los lugares recónditos del corazón. Y nos sanan. Para que luego nosotros podamos hacer lo mismo con otros. Perdonar es mostrar misericordia, y también gracia.

¿Sabes? No hay garantías. Las decepciones volverán. Quizá con otro nombre, en circunstancias distintas, pero volverán porque somos imperfectas y vivimos en un mundo teñido de pecado. Todos las causamos. Todos las sufrimos. Todos tenemos la oportunidad de convertirlas en monumentos de gracia. Así que, cuando vuelvas a chocar con ellas, cuando vuelva yo a chocar con ellas, quiero procesarlas con Jesús, pedirle Su perspectiva, traer a mi mente Su Palabra, y recordar que soy un resultado de la gracia.

LA BENDICIÓN DE LA MISERICORDIA

Ahora que hemos explorado qué significa la misericordia en un corazón nuevo, cómo el perdón y la misericordia son compañeros en el viaje de la vida, y también el rol que desempeña la gracia en todo esto, quisiera añadir algo más. El versículo del comienzo dice que los misericordiosos son bienaventurados, dichosos, porque así como la muestran a otros, ellos también la recibirán.

En Proverbios, uno de los libros de sabiduría de la Biblia, aprendemos algunas de las bendiciones que experimentan aquellos que muestran misericordia.

Son bienaventurados

«Peca el que menosprecia a su prójimo;
Mas el que tiene misericordia de los pobres es bienaventurado» (14:21, RVR1960).

Honran a Dios

«El que oprime al pobre afrenta a su Hacedor;
Mas el que tiene misericordia del pobre, lo honra» (14:31, RVR1960).

Tienen buen liderazgo

«Misericordia y verdad guardan al rey,
Y con clemencia se sustenta su trono» (20:28, RVR1960).

Experimentan satisfacción

«Contentamiento es a los hombres hacer misericordia» (19:22, RVR1960).

Cosechan hermosos resultados

«El que sigue la justicia y la misericordia hallará la vida, la justicia y la honra» (21:21, RVR1960).

Recuerda, estas no son promesas, son principios sabios para la vida que, al practicarlos, pueden redundar en bendición.

Al recibir un corazón nuevo, como ya hemos dicho, hemos recibido misericordia y hemos sido llamadas a extender misericordia. Por tanto, que la misericordia no sea simplemente una palabra en nuestro idioma cristiano, sino aquello que vivimos cada día.

PARA RECORDAR

La misericordia de Dios va más allá de un sentimiento, se refleja en acción.

Amar la misericordia no es hacer algo para aplacar nuestras conciencias. Es amar vivir de esta manera, porque Dios lo ama.

A la luz del perdón que hemos recibido de Dios, no nos queda otra opción que extender perdón a otros.

Cuando elegimos perdonar, sacrificamos el «derecho» que consideramos tener a la amargura y el rencor.

Solo mediante el poder del Espíritu Santo en nosotras podemos perdonar, otorgar misericordia y experimentar la sanidad y la libertad del perdón.

PARA REFLEXIONAR

1. Luego de leer este capítulo, ¿qué ha cambiado en tu manera de ver la misericordia?

2. Lee 1 Pedro 1:3 y 2:10. ¿Qué enseñan esos pasajes acerca de la misericordia de Dios?

3. Cuando de perdonar se trata, ¿es fácil o difícil para ti? ¿Por qué? ¿Qué lección sobre el perdón te llevas de este capítulo?

4. Lee Mateo 18:21-35. ¿Qué enseña sobre el perdón? Al ver los personajes de la historia que se narra en los versículos 23-35, ¿con quién te identificas más fácilmente?

5. Define con tus palabras brevemente qué es la gracia. ¿Podrías pensar en ejemplos de situaciones en las que has recibido gracia de parte de Dios y de otras personas? ¿Te cuesta mostrar gracia a los demás?

7

EL CORAZÓN QUE APRENDE A AMAR

Este es Mi mandamiento: que se amen los unos a los otros, así como Yo los he amado.
(Juan 15:12)

«Él dijo "Ama ... como yo te he amado". No podemos amar demasiado».
—Amy Carmichael

Si hay una palabra que ha sufrido los embates del mal uso, la malinterpretación y el cambio de sentido y significado es la palabra «amor». La Real Academia nos da su definición. Si buscamos en Google, obtendremos miles de resultados. Pero si queremos una descripción real del amor, si en verdad queremos entender qué es y cómo se vive, necesitamos irnos a la Biblia. Y es que el amor, en su definición más precisa, no se trata de algo sino de alguien. Sí, Dios es amor. Lo escuchamos desde que conocemos a Cristo, lo leemos en Su Palabra, lo predican los pastores, se escriben libros, y más, pero creo que a veces nos cuesta entender que Dios es amor. Su naturaleza es amar. La Biblia es una historia de amor. La historia de un Dios perfecto que por amor lo dio todo.

La mayor muestra del amor de Dios la encontramos en Cristo. Él envió a Su único Hijo al mundo, para que tengamos vida eterna por medio de Él, como hablamos en el capítulo 1. Su amor le movió a misericordia, de lo que también ya hablamos. ¡Por amor nos dio un nuevo corazón! Y ese nuevo corazón ha sido llamado a amar a otros, tal y como Cristo nos ama. Es evidente que nuestro amor nunca será perfecto como el suyo, porque somos criaturas, creadas a Su imagen, pero no divinas como Dios. No obstante, por la obra de la cruz, y porque Cristo nos amó, tenemos este llamado y mandato a amar a los demás, como indica el pasaje que inicia este capítulo.

Me llama la atención lo que Jesús dijo a los fariseos en una de sus conversaciones. Ellos, tan afanados por cumplir con todos y cada uno de los mandamientos y en su deseo de poner a prueba a Jesús siempre que tuvieran la oportunidad, le preguntan cuál es el más grande mandamiento. Al responderles, Él les habla de los dos más importantes. El primero, amar a Dios, que ya vimos en un capítulo anterior. El segundo, amar al prójimo como a nosotros mismos. Lo que capta mi atención en esta conversación está al final: «De estos dos mandamientos dependen toda la ley y los profetas» (Mat. 22:40). ¿Te das cuenta? Cristo resume toda la ley, todo lo escrito por los profetas, en esos dos mandamientos, y uno de ellos es amor horizontal. Si realmente hemos entendido el amor de Dios, amaremos a nuestro prójimo, a los demás.

¿Quién es nuestro prójimo? Todos. Toda persona, sea que la conozca o no. Sea que luzca como yo o que sea diferente. No importa si habla otro idioma o viene de otra cultura. Tampoco cuenta si tiene un doctorado o si nunca llegó a estudiar. Mi prójimo es también aquel que no cree en el mismo Dios que yo. Es todo ser humano. ¿Por qué el mandato a amarlo? Esa es una pregunta que no puede responderse en unas pocas líneas, pero hay algo básico que sí podemos decir. El ser humano, cada uno, fue creado a imagen y semejanza de Dios. El mero hecho de que todos seamos portadores de Su imagen es razón para amar a otros porque al hacerlo estamos amando y honrando a Su Creador. Uf, este es un tema profundo que requiere que pensemos y meditemos mucho en cómo vemos a las demás personas y cuál es nuestro concepto del amor.

El asunto es que a lo largo de nuestra vida vamos recolectando muchas cosas y, dependiendo de la edad que tengas y las experiencias que hayas pasado, es muy probable que hayas desarrollado una idea de lo que es el amor en nuestra interacción con otros. Dicho de otra manera, qué significa amar al prójimo. Es muy probable también que en esa definición personal tengas una mezcla de verdades y mentiras, porque el mundo que nos rodea nos vende una idea de amor que se ha contaminado con el pecado. Y lo digo porque a mí me ha pasado. Por eso me gustaría que consideremos cómo define la Escritura el amor.

LO QUE EL AMOR NO ES

«El amor no tiene envidia; el amor no es jactancioso, no es arrogante. No se porta indecorosamente; no busca lo suyo, no se irrita, no toma en cuenta el mal recibido. El amor no se regocija de la injusticia, sino que se alegra con la verdad» (1 Co. 13:4-6).

Este es un pasaje muy bien conocido y también socorrido cuando de bodas se trata. Sin embargo, en su contexto no se estaba refiriendo a esa clase de amor romántico que nos viene a la mente. El amor del que Pablo nos habla aquí es mucho más, es un amor fraternal. Es el amor «ágape» que Cristo encarnó de manera perfecta. El apóstol trae el tema del amor luego de hablar de los dones espirituales. Su intención era recordar a los recipientes de la carta, la iglesia de Corinto, que por encima de cualquier don, nuestra vida en Cristo tiene que ser un reflejo de Su amor, que de nada vale cuántos dones tengamos ni lo que hagamos con ellos si carecemos de amor. Los corintios estaban muy familiarizados con el concepto de un amor egoísta, centrado en el hombre, porque tenían el trasfondo del humanismo griego. El amor propio, narcisista, era más bien la norma. Por eso se hacía necesario hablarles de otra clase de amor, un amor que solo Dios puede producir. Vale la pena apuntar que aunque hoy en la descripción del amor que encontramos en 1 Corintios 13 tenemos adjetivos (bondadoso, paciente, envidioso, jactancioso, etc.), en griego son verbos. Este es un amor que actúa. Así que, bajo esa premisa, Pablo comienza a exponerles en primer lugar lo que este tipo de amor no es.

El amor no es envidioso ni celoso

Se le atribuye a Shakespeare haber hecho célebre la frase que une a la envidia con un monstruo verde. No sé si es verdad o no; no obstante, con algo sí estaré siempre de acuerdo: la envidia es un monstruo que destruye y carcome, que termina las relaciones y enferma a sus víctimas.

La palabra original en el griego, traducida al español en ese pasaje como «envidioso», es *zeloo* y puede significar varias cosas, entre ellas: *hervir de envidia, odio, ira; envidiar; rivalidad polémica y envidiosa; celos.* Es por eso que algunas versiones dicen en lugar de «el amor no es envidioso», «el amor no es celoso». En realidad, las dos cosas pueden manifestarse en una relación: la envidia y los celos. La envidia separa a amigos, cónyuges, hermanos. Es un sentimiento destructivo que no obra la sabiduría de Dios y mucho menos el amor. (En *Decisiones que transforman* estudiamos más el tema).

Los celos son igualmente comunes. Causan tragedias incomparables. ¿Recuerdas la historia de Caín y Abel? Los celos ahogan el gozo. Su raíz está en la desconfianza, y la verdad y la desconfianza no pueden coexistir. Proverbios nos dice que los celos enfurecen al hombre (6:34). Y una persona enfurecida obra según su ira y no según el amor. Tal es la fuerza de este sentimiento que no mide las consecuencias. Mira este otro proverbio: «Cruel es el furor e inundación la ira; pero ¿quién se mantendrá ante los celos?» (27:4).

Vivir con celos es vivir como quien no conoce a Cristo. Esa declaración pareciera muy radical, pero veamos este pasaje: «Pues habiendo celos y discusiones entre ustedes, *¿no son carnales y andan como hombres del mundo?*» (1 Cor. 3:3, énfasis añadido). Es cosa seria para Dios esto de los celos y la envidia, de ahí que en varias oportunidades nos recuerde que ahora que estamos en la luz, tenemos que despojarnos de los celos.

Amiga lectora, no podemos amar al prójimo, como Dios lo ama, si hay celos en nuestro corazón. Y esto a veces es un gran problema para las mujeres. Ya sea con respecto a los esposos, los hijos, las amigas e incluso en el ministerio o área de servicio. Quisiera apuntar algo para nosotras las esposas. Si tu esposo te ha dado motivos para desconfiar, hay que resolver el problema. Pero si tu desconfianza, y por ende tus celos, vienen porque así te criaron, diciéndote que «no se puede confiar en ningún hombre» o porque has visto la traición muy de cerca y ahora confiar no es fácil para ti, ¡pídele al Señor que cambie eso en tu corazón! Es un pecado. El celo teme perder lo que tiene, ve a los demás como una amenaza, y no es verdadero amor.

Como decía, lo mismo aplica a otras relaciones. Los celos destruyen la unidad dentro del cuerpo de Cristo, es decir, la iglesia. ¿Por qué? Porque cuando sentimos celos, no buscamos el bien de la otra persona y se refleja en que murmuramos, causamos contiendas, nos atacamos unas a otras. Cuando operamos según los celos se nos olvida que si estamos en Cristo, pertenecemos a un mismo equipo. Fíjate cuán importante es eso, tanto que Jesús oró por nosotros así: «Que gocen de una unidad tan perfecta que el mundo sepa que tú me enviaste y que los amas tanto como me amas a mí» (Juan 17:23, NTV). ¡Qué grandioso! La unidad que mostremos, o no, es un mensaje claro para el mundo de Cristo y de Su amor por nosotros, pero no podemos estar unidas realmente si hay celos entre nosotras.

Así que, un recordatorio para quienes estamos en algún tipo de ministerio: hay espacio para todas. No anhelemos lo que hace la hermana ni sus dones. No sintamos celos de la oportunidad que Dios le da y que tal vez no sea la nuestra. ¡Aprendamos a alegrarnos con ella y por ella! Unamos fuerzas, no olvidemos que respondemos al llamado de Dios, le servimos con obediencia y dedicación. Los resultados son de Él. Lo que Él quiera hacer con los dones y talentos es cosa suya, no nuestra.

El amor no es jactancioso ni orgulloso

«Si él no me pide perdón, yo tampoco».

«Si me responde mal, yo también».

«Si ella no me llama, ¿por qué he de hacerlo yo?».

La lista de ejemplos podría seguir, pero creo que captamos la idea. Estos son pensamientos que todas podríamos tener en un momento dado y que describen algo que Dios detesta, y que no es amor. Se llama orgullo.

Me gusta buscar en el griego para tratar de entender el sentido original de las palabras en un pasaje. ¿Sabes qué quiere decir jactancioso en ese texto? «Uno mismo en exceso». Yo misma en exceso. Tú misma en exceso. Es decir, demasiado de uno mismo en una relación. El amor no es así. ¡Al contrario! El amor prioriza al otro. El amor se quita para dejar que el otro brille o, dicho de otra manera, es humilde. Se alegra con el triunfo y el bien de los demás.

Como ya en el capítulo 5 hablamos bastante de orgullo y humildad, no es necesario que abundemos aquí en este tema, pero oremos para que el Señor limpie nuestro corazón cada día y nos haga ver dónde estamos realmente con relación al orgullo.

El amor no se comporta con rudeza

Quizá sea por la velocidad con que vivimos, por el estrés, el cansancio o las presiones de la vida moderna o simplemente por la raíz de todos los males, el pecado… es muy fácil tropezar a diario con personas rudas, groseras, descorteses. En el supermercado, en el trabajo, por teléfono, la rudeza es tan común que cuando encontramos a alguien amable, casi nos parece estar soñando o haber tenido un encuentro cercano con una criatura de otro planeta. También confieso que tengo días en que la rudeza quisiera salirse por mis poros y tengo que rendirme y escuchar a la voz del Espíritu que me recuerda que eso no viene de él. ¡Y arrepentirme!

La realidad es que muchas veces, por las mismas causas mencionadas antes, nos tratamos con rudeza y dejamos que este hábito terrible se adueñe de nuestras relaciones e interacciones. Sin embargo, la Escritura nos enseña que el amor «no se comporta con rudeza» (1 Cor. 13:5, NVI). La palabra griega se refiere a comportarse de manera impropia o indecorosa. Indecoroso puede definirse como actuar sin pureza, sin honestidad, sin honor, sin estimación, ser grosero e indecente. Leerlo así nos pone las cosas en perspectiva, ¿verdad? ¿Cuántas veces en nuestro trato no damos honor a la otra persona, o no la estimamos? A veces la costumbre o la confianza nos llevan a actuar en forma opuesta y nos hacen olvidar que nuestro llamado es a amar a otros como a nosotros mismos. El amor a la manera de Dios no hace nada impropio. No es grosero. Y tengo que insistir en algo: esto no depende del trato que recibamos, estamos hablando de nuestro trato, de cómo vamos a expresar el amor, cómo vamos a comportarnos con las demás personas... cómo amar como Jesús y en obediencia a Su mandato.

Hemos sido llamadas a dar honor. Eso implica que debemos mostrar respeto en todo momento, en nuestro hablar y en nuestro actuar. En este tiempo de redes sociales, en los que es tan fácil emitir opiniones detrás de una pantalla, seamos cuidadosas. Aunque quizá tengamos criterios diferentes a los de otra persona, si los vamos a expresar hagámoslo con honor y respeto, con amabilidad. Las palabras escritas carecen de entonación e inflexión, y eso dificulta a veces que se entiendan bien. Redes como Twitter, por ejemplo, se han convertido en campos de batalla enardecidas e implacables, incluso entre cristianos. Y mientras, el mundo nos observa. Hermana, ¿vale la pena el debate? Consideremos si estamos en verdad aportando a la causa de Cristo o yendo en detrimento de ella. Cuando compartamos nuestra opinión, seamos amables... que es lo opuesto a la rudeza. La Escritura nos exhorta: «Sean más bien amables unos con otros» (Ef. 4:32). Amar al ser gentiles porque es el nuevo vestido que debemos llevar (Col. 3:12, NTV).

Así que amar al prójimo es mostrar gentileza cuando estoy atascada en el tráfico y alguien se cambia de carril sin usar los indicadores y nos obliga a frenar abruptamente. En ese momento en que quisiera gritar un montón de cosas, ser gentil. Gentileza cuando estoy cansada, quiero un tiempo para mí, en silencio, y uno de mis hijos habla y habla sin parar. En lugar de perder la paciencia y responder con rudeza, ser amable, gentil. Reaccionar con respeto, aunque la opinión de alguien en alguna red sea ofensiva. No te pongo ejemplos hipotéticos, estos son de mi vida real. Solo con la ayuda del Espíritu Santo puedo ser gentil en estos y otros momentos. Y en los que no lo he sido, más de los que puedo contar, ¡bendita la gracia de Dios!

El amor no es egoísta

Basta mirar un rato a los niños jugando, sobre todo cuando son pequeños, para darnos cuenta de que el egoísmo viene en nuestro ADN. Los escuchamos decir frases como «esto es mío», «no te lo presto», «no lo toques». Y claro, no es solo un problema de los niños. Crecemos y solemos actuar de igual manera, solo que ahora no son los juguetes, es «mi tiempo, mi dinero, mi casa, mi familia, etc.». Nuestra naturaleza humana es intrínsecamente egoísta y, por lo tanto, cuando amamos, si lo hacemos a nuestra manera, corremos el riesgo de tener un amor egoísta.

El egoísmo es lo que me lleva a querer buscar mi propio bien primero que nada. El egoísmo es lo que nos ata a la comodidad y nos nubla la vista para que no salgamos de ese espacio. El egoísmo nos hace indiferentes ante la necesidad y el dolor ajeno.

El diseño de Dios, por el contrario, dice que el amor no es egoísta. Al traducir el versículo 5 de 1 Corintios 13, la Nueva Traducción Viviente lo expresa así: «[El amor] no exige que las cosas se hagan a su manera», y la Reina Valera dice que el amor «no busca lo suyo». Sin embargo, cuando pienso en la manera en que amo, descubro que muchas veces mi amor está teñido de este feo adjetivo, egoísta. El egoísmo puede ser sutil. Queremos que las decisiones se tomen según nuestra conveniencia o lo que nos parece mejor sin considerar el punto de vista del otro o sus sentimientos. Queremos que nos acepten con nuestros pecados, defectos, debilidades y errores, pero no mostramos esa misma aceptación cuando se trata de los de otra persona. Egoísmo.

Es interesante, en el griego esa frase «no busca lo suyo» incluye el verbo *zeteo,* que entre sus definiciones tiene esta: «desear, exigir algo de alguien». Es decir, el amor no exige nada a nadie. No pide para sí. El amor se da, con todo. ¿Acaso no fue ese el modelo que Dios nos dio? Cuando se trató de amar, Él amó con todo, hasta dar a Jesús para que muriera por ti y por mí. El amor que no es egoísta no mide consecuencias, simplemente se entrega al 100 %, como en la cruz.

Mi querida lectora, esa teoría que tanto hemos escuchado de amar al 50 % porque el otro 50 % le corresponde a la otra persona, es solo eso, una teoría de este mundo torcido. No es el diseño de Dios. El diseño de Dios es amar al 100 %, sin exigir ni buscar nuestro propio bien. Pablo lo expresa con toda claridad en este pasaje: «No hagan nada por *egoísmo* o por vanagloria, sino que con actitud humilde cada uno de ustedes considere al otro como más importante que a sí mismo» (Fil. 2:3, énfasis añadido). El egoísmo es un pecado que debemos reconocer y confesar. Un pecado al que debemos estar atentas.

Y es cierto que no es fácil vencerlo en el diario vivir. Pensar primero en el bien del otro, buscar su bienestar y su felicidad nos cuesta precisamente porque tenemos ese pecado bien arraigado en el corazón. Pero no se supone que lo hagamos en nuestras propias fuerzas, sino que recordemos que Cristo ya lo hizo, Él ya amó así. ¡Por eso podemos hacerlo, porque ahora Él vive en nosotras mediante Su Espíritu!

LO QUE SÍ ES EL AMOR

En la sección anterior vimos algunas características que el amor con diseño divino, el que Cristo modeló y del que nos habla la Palabra, no tiene. Veamos entonces otras características diferentes, aquellas que sí describen el amor de Dios y en el que tú y yo debemos caminar también.

El amor es paciente

Paciencia. Una virtud valiosa y escasa en el siglo XXI. Parte del fruto del Espíritu Santo. La primera cualidad del amor según la definición que se nos da en 1 Corintios 13. Pero, ¿qué es ser paciente y por qué es parte del concepto bíblico de amor?

Dice la RAE que paciencia es la capacidad de padecer o soportar algo sin alterarse. También que es la facultad de saber esperar cuando algo se desea mucho. Creo que no necesita mucha explicación, ¿verdad? Veamos ahora qué palabra usa la Biblia originalmente cuando dice que el amor es paciente. En griego es *makrothumeo*. Y esto es lo que quiere decir: «ser de un espíritu de mucho tiempo, no perder el ánimo; perseverar con paciencia y valentía en las desgracias y problemas duraderos; tener paciencia en soportar las ofensas y las heridas de otras personas; ser leve y lento en vengar; ser paciente, lento para la ira, lento para castigar».

¡Ahora sí cambia nuestra idea de paciente! ¿Estás de acuerdo conmigo?

De modo que podríamos decir esto: el amor espera mucho tiempo, no pierde al ánimo. El amor persevera con paciencia y valentía en las desgracias y los problemas *duraderos*. El amor tiene paciencia *en soportar las ofensas y las heridas de otras personas*, es lento para vengarse, lento para la ira, lento para castigar. ¿Qué tal esa definición? ¿Cómo se compara con la manera en que amamos tú y yo? ¿En verdad nuestro amor se dispone a esperar cuando vienen los problemas… ¡y no se van!? ¿Nuestro amor se desanima fácilmente? ¿Y qué de las ofensas? Estoy segura de que a estas alturas ya te sientes como yo… ¡desanimada! El estándar es altísimo, porque es el de Dios. ¡Qué bueno que tenemos a Cristo! Él nos amó y nos ama con paciencia, y nos permite cultivar un espíritu de amor paciente por medio de Su Espíritu. Oremos para que el Señor nos ayude y enseñe a ser mujeres pacientes. ¡Dios es paciente con nosotras, todos los días! Su gracia cotidiana es una muestra de Su paciencia.

El amor es bondadoso

Mis abuelos paternos estuvieron casados durante 56 años. Mi abuelo se fue con el Señor y fue eso lo que los separó. Dieciséis años después partió mi abuela. Todavía recuerdo que sus ojos verde azules se iluminaban cuando hablaba de él, y en su voz se escuchaba el anhelo por el reencuentro y la gratitud por tantos recuerdos hermosos luego de más de medio siglo juntos. Ellos fueron para mí un lindo ejemplo del amor. ¿Perfectos? Claro que no, pero cuando se trata de amar, la cuestión no es de perfección. Eso no es humanamente posible. Se trata de recordar que, porque Cristo me amó, ahora yo puedo amar.

Mis abuelos vivieron un matrimonio que reflejaba el amor bondadoso. Y no es muy difícil entender qué significa bondadoso. Es algo lleno de bondad, afable, apacible, bueno. ¿Qué dice el griego del texto original? Pues el adjetivo bondadoso en griego viene de una palabra que se translitera como *chrestos* y cuyas acepciones incluyen lo siguiente: «virtuoso, bueno; manejable; suave, agradable (como opuesto a duro, afilado, amargado); de gente: amable, benevolente».

Así que si fuéramos a combinar esas acepciones, podríamos decir que el amor es bueno, manejable. Es suave y agradable. No es duro ni amargado. El amor es amable y benevolente. El asunto es, ¿amamos así? ¿Son estas palabras las que describen la manera en que nosotros damos amor? Tal vez nos ayude ir por partes.

El amor es bueno. ¿Pero cómo puede ser bueno nuestro amor si la misma Biblia nos dice que no hay ninguno bueno, solo Dios? Cristo en ti, querida lectora. Esa es la única manera. Porque el fruto del Espíritu es bondad. Solo cuando el Espíritu de Dios vive en nosotros y le dejamos dirigir nuestra vida, es que el amor puede ser bueno. De ninguna otra manera es posible porque nuestra naturaleza es cualquier cosa menos buena.

Suave y agradable. Todo lo contrario a lo duro y, prepárate para esto, ¡contrario a lo amargado! Mostrar el amor de manera suave muchas veces es un reto porque, como ya vimos, nuestro ego se interpone y quiere ser duro, salirse con la suya. La lengua dice palabras ásperas. Y si todo esto se va de control, al final la amargura toma posesión del corazón y nuestro amor es cualquier cosa menos suave o bondadoso.

Mi abuelo era un hombre de carácter bondadoso, pero cuando se trataba de mi abuela, lo era en extremo. Y viceversa. Él la llamaba «mi novia», a pesar de que hacía muchos años ya que no lo eran. Sus palabras eran suaves y amables para ella. Yo los observaba y admiraba. Y, ¿sabes?, un amor bondadoso no es un amor cobarde. Esa clase de amor dice la verdad, pero sin herir. El amor bondadoso enfrenta las dificultades, pero no deja que estas amarguen la relación. El amor bondadoso no se impone por la fuerza, es suave.

Estos principios aplican a todas las relaciones, no solo al matrimonio, porque ya hemos mencionado que estamos llamadas, se nos ordena amar a los demás. La Palabra nos dice que nos vistamos de amor porque es el vínculo, la unión perfecta. Pidámosle a Dios que podamos amar así, de manera suave, agradable, sin amargura, sin dureza. Amor *chrestos*. Amor que es bondad porque viene de un Dios que es siempre bueno.

El amor todo lo sufre

Si lo analizamos, la Biblia es un libro de perseverancia. Sí, Dios ha perseverado en Su plan original, a pesar de nosotros, de nuestra infidelidad, de nuestras mentiras, nuestra desobediencia, nuestra falta de amor… a pesar de todo nuestro pecado. Dios ha perseverado. ¿Por qué? Porque el amor «todo lo sufre» (1 Cor. 13:7). Ese verbo también puede traducirse como «cubre». El amor todo lo cubre. Es un amor que no se da por vencido (esta es la traducción que hace la NTV), es un amor que se mantiene firme en toda circunstancia.

El amor que cubre todas las faltas, el de Dios, no pone límites, no dice «hasta aquí». Es ese amor que «cubre multitud de pecados» (1 Ped. 4:8). El amor que todo lo sufre no depende de las circunstancias, ni de los sentimientos, sino que decide amar y vivir según esa decisión. Es un amor firme, sin sombra de variación. Es un amor de pacto. Y en un mundo donde los pactos ya no existen, porque aun cuando se realicen, se rompen constantemente, oremos que el Señor ponga en nuestro corazón esa convicción, aprender a amar de esa manera.

El amor todo lo cree

Buscaba aprender más sobre este pasaje cuando encontré que Charles Spurgeon dijo lo siguiente sobre este rasgo del amor, y quisiera compartirlo contigo:

«El amor "todo lo cree". Cuando se trata de nuestros hermanos en la fe, el amor siempre piensa lo mejor de ellos. Este amor cree, mientras sea posible, que las personas obran bien; y cuando se ve obligado a temer lo peor, no cede de primeras a la evidencia, sino que le concede el beneficio de la duda al hermano acusado. Algunos creen siempre todo lo malo sobre los demás; los tales no son hijos del amor».[1]

Esas palabras me confrontan. ¡Es tan fácil suponer siempre lo peor y no lo mejor! Cuestionar los motivos de los demás. Se nos olvida que son tan pecadores como nosotros, y merecen gracia, como ya vimos. Es un trabajo arduo, pero debemos entrenar nuestra mente a pensar lo mejor de nuestra familia de la fe, de los que, como nosotras, han sido rescatados por el amor y la gracia de Dios. Recordemos que de la vida de otros solo vemos un lado, el que nos muestran. Todo pudiera no ser tan fácil como parece. Cada cual tiene sus propias luchas.

CUANDO AMAR ES DIFÍCIL

Este capítulo 13 de 1 Corintios habla de la preeminencia del amor sobre los dones espirituales, como mencionamos al principio, porque en aquella iglesia había una cierta obsesión con estos. El mensaje de Pablo para ellos se podría resumir de esta manera: el amor es la marca distintiva de un verdadero discípulo, no los dones ni las obras. De modo que no tenemos la opción de amar, tenemos el mandato; y sí, podría parecer fácil, siempre y cuando la persona a quien amemos sea de nuestro agrado, nos trate bien, se preocupe por nosotros, nos brinde su apoyo. Dicho con menos palabras, cuando corresponda a nuestro amor. El reto viene cuando se trata de amar a alguien que nos resulta difícil, porque es todo lo opuesto a lo anterior.

Creo que de las cosas que el Señor demanda de nosotros la más difícil es amar a los demás. ¡Piénsalo! En la vida tenemos muchas personas fáciles de amar, pero igual tenemos una buena cantidad de aquellas que, si nos dieran la opción, preferiríamos evitar. Seamos honestas. ¿Cómo, pues, amar cuando es difícil? Veamos algo que Pablo escribió a un grupo de creyentes en la ciudad de Colosas.

Estos creyentes amaban de una manera que Pablo destaca: «Pues hemos oído [...] del amor que tienen por todos los santos» (Col. 1:4). ¿Qué había de diferente en ellos, qué hicieron para lograrlo? La respuesta no está ni en lo primero ni en lo segundo. Eran personas comunes y corrientes, pecadores como nosotros. ¿Y entonces? Sigamos leyendo la carta:

«... el cual también nos informó acerca del amor de ustedes en el Espíritu» (v. 8).

El amor no era humano ni natural, era en el Espíritu. Amar a otros, en nuestra propia fuerza, es muy difícil, por no decir imposible, pues incluso cuando la otra persona corresponde a nuestros afectos, las imperfecciones humanas, nuestros pecados, harán que en algún momento batallemos con el deseo de mostrar amor. ¿Te ha pasado? Hay circunstancias que nos llevan a cuestionar si realmente nos aman, o si podemos amar. Los conflictos o decepciones provocan que se nos apague el deseo de amar.

Tú y yo no podemos amar como Dios nos pide a menos que Él mismo lo haga en nosotras. Nuestra naturaleza humana es demasiado egoísta para amar sin esperar nada a cambio. Por eso las relaciones se rompen y cuando preguntamos, la respuesta es alguna de las que mencionamos antes, algo así como «se acabó... la amistad, la relación, el matrimonio». Se «acabó» porque el amor de verdad solo es posible cuando Dios, a través de Su Espíritu, nos hace un trasplante de corazón. Entonces, ¿cuál es la parte que nos toca a ti y a mí? Lo primero es comenzar a orar por esas personas que nos cuesta amar. La realidad es que no tenemos opción. Jesús nos mandó a orar por los que nos maldicen y bendecirlos (ver Luc. 6:28). El cristiano no puede esconderse tras pretextos ni preferencias personales cuando de dar amor se trata. ¡Es un mandato! Así que, tenemos que rendirnos a la obra del Espíritu, entregar el orgullo o el dolor de la herida, y orar por la persona. Fíjate, no es orar para que ella me ame, es orar para yo amarla a ella, para hacerlo a la manera de Dios.

No, no es fácil. Créeme que escribo esto y algunos nombres pasan por mi mente. No he amado a esas personas como debería. Tal vez a ti te esté pasando lo mismo. ¿Qué tal si hoy comenzamos de nuevo? ¿Qué tal si en la lista de oración, mental o escrita, incluimos esos nombres? Vivir como Dios lo diseñó es desafiante, es difícil, es contracultural; pero es la única manera de experimentar Su abundancia, esa por la que Jesús murió. Por cierto, tal vez no veas los cambios que esperas o quisieras en la relación, pero un cambio de seguro ocurrirá. ¿Sabes dónde? En nuestro corazón.

Me imagino que estás pensando que este diseño es demasiado divino, demasiado difícil, imposible de poner en práctica. Pero permíteme ir un poco más allá y plantearnos un desafío. Si el Espíritu Santo vive en nosotros, y el Espíritu es Dios mismo, y si parte del fruto del Espíritu es amor… ¿será imposible entonces pedirle que nos enseñe a amar de esta manera? ¡Claro que no! La voluntad de Dios es que amemos como él ama: «Este es Mi mandamiento: que se amen los unos a los otros, así como Yo los he amado» (Juan 15:12). Y la Palabra enseña que si pedimos según Su voluntad, Él nos oye. De modo que el ciclo está completo: Dios quiere que amemos como Él, y el fruto del Espíritu en nuestra vida es esa clase de amor. Pidámoslo, y caminemos en obediencia.

PARA RECORDAR

El hecho de que todos seamos portadores de la imagen de Dios es razón para amar a otros, porque al hacerlo estamos amando y honrando a Su Creador.

El amor es la marca distintiva de un verdadero discípulo, no los dones ni las obras.

El egoísmo es un pecado que debemos reconocer y confesar; un pecado al que debemos estar atentas.

No podemos amar como Dios nos pide a menos que Él mismo lo haga en nosotras.

Orar por las personas que consideremos difíciles quizá no las cambie a ellas, pero sin dudas cambiará nuestro corazón.

PARA REFLEXIONAR

1. Luego de leer acerca de lo que el amor es y no es, escribe una definición con tus propias palabras. Puede tener varias oraciones.

____

____

____

2. De acuerdo con la sección «Lo que el amor no es», ¿cuál de esas características ves más en ti? ¿Podrías recordar algunos ejemplos? (Esto nos ayuda a identificarlo mejor).

____

____

____

3. Lee Romanos 12:9. ¿Qué entiendes que quiso decir Pablo en este versículo, a la luz de lo aprendido en este capítulo?

____

____

____

4. Piensa en algunas personas a las que crees que te resulta difícil amar. Lee ahora Mateo 5:44, Lucas 6:27,35. ¿Cuál es el llamado que nos hacen estos pasajes de la Escritura? ¿Hay algo que debas confesarle a Dios? ¡Quizá ahora mismo puedas comenzar a orar por esos nombres!

____

____

____

5. Busca Colosenses 3:12-14. ¿Qué implicaciones tiene este pasaje para nuestras relaciones interpersonales? ¿Ves la relación de las características que describen nuestro «nuevo vestuario» con el pasaje de Pablo en 1 Corintios 13 sobre el amor?

____

____

____

8

EL CORAZÓN QUE DESCANSA EN DIOS

Yo soy el buen pastor; el buen pastor da Su vida por las ovejas.
Juan 10:11

«Nos has creado, Señor, para ti; y nuestro corazón está inquieto hasta que descanse en ti».—Agustín de Hipona

LA MUERTE DE UNA ILUSIÓN

Sumidos bajo la sombra del COVID-19, me pareciera que estoy viendo una película. Las personas caminan por la calle usando mascarillas. Las fronteras de los países, cerradas. Los supermercados antes abarrotados de comida ahora muestran estantes vacíos. Las escuelas se han mudado de las aulas a las casas. Las reuniones de las iglesias están canceladas. Un nuevo término recorre las redes, «distanciamiento social». Científicos de todas partes tratan de encontrar una vacuna o un medicamento que pueda ayudar a aliviar o prevenir el ataque de este organismo dañino. Y los gobiernos implementan leyes tratando de contener una pandemia que ya ha cobrado miles de vidas.

Pero no solo las personas están muriendo, algo más ha muerto. Ha muerto una ilusión. Dice el diccionario que una ilusión es un «concepto, imagen o representación sin verdadera realidad, sugeridos por la imaginación o causados por engaño de los sentidos».[1] Entonces, ¿de qué estoy hablando? Ha muerto la ilusión del control. Con la llegada de este virus ha muerto la idea que muchos se han hecho de que esta vida está bajo nuestro control, que podemos determinar el curso de la historia y la manera en que se desenvuelven los acontecimientos. El control es una ilusión sin verdadera realidad porque ningún ser humano tiene control de su vida, en el sentido más amplio de esa afirmación. Sí, podemos determinar qué comemos, la música que escuchamos, qué leemos o los amigos que tenemos, pero nunca podremos controlar la realidad de un mundo caído con enfermedades y desastres naturales.

Y así, ha muerto esa ilusión. Pero su muerte es buena, aunque duela, porque nos hace reconocer que nuestra vida «es neblina que se aparece por un poco de tiempo, y luego se desvanece» (Sant. 4:14, RVR1960). Nuestra vida no nos pertenece, nuestra vida está bajo el control de un Dios soberano que creó los cielos, la tierra y todo lo que en ellos habita. Y no solo los creó, sino también los dirige y los sustenta.

No obstante, la muerte de la ilusión del control trae consigo un problema: un mundo sumido en el pánico y la ansiedad. Es imposible mirar las noticias sin que se hable del famoso virus y los desastres que está causando en todos los niveles. Retratos de rostros aterrados en Wall Street. Imágenes de médicos preocupados ante la gravedad de una situación para la que no hay recursos suficientes ni saben cómo tratar. Proyecciones de líderes gubernamentales que intentan dar respuestas tranquilizadoras a inquisitivos periodistas. Ilustraciones tristes y dolorosas de gente enferma. Panoramas de padres de familia que quedan sin trabajo y no saben qué hacer para llevar comida a la mesa.

El COVID-19 no solo ha dado muerte a la ilusión de control bajo la que muchos han vivido, sino también ha sacado a la superficie otro problema del corazón: el problema de la necesidad de reposo, de descanso en medio de la ansiedad que circunstancias como estas suelen provocar. El descanso que anhelamos y que nada humano puede producir. Mi oración es que, cuando esto termine, o al menos disminuya, muchos corazones hayan encontrado al Buen Pastor, autor del verdadero descanso, porque Él sí tiene el control.

Así que, para hablar de descanso me gustaría pedirte que me acompañes a explorar un pasaje sumamente conocido, incluso algunas personas que no están muy familiarizadas con la Biblia lo reconocen. Te hablo del Salmo 23. Vamos a hablar de este texto porque aquí se nos revela que lo que refresca nuestra alma no es algo, sino alguien.

MI BUEN PASTOR

Para nosotras la realidad de este salmo puede parecer un poco distante, sobre todo si nunca hemos vivido en un campo ni hemos cuidado algún rebaño. Pero para los oyentes originales de este texto era muy fácil entender que se compara a Dios con un pastor porque ellos vivían en una sociedad agrícola. Los pastores eran parte de su mundo. Algunos eran pastores, otros conocían pastores y, sin dudas, todos habían visto ovejas.

¿Qué hace un pastor? El pastor cuida, provee, guía. El pastor vela en la noche, sale en busca de la oveja perdida, la cura cuando se hiere. Cuando David afirmó «El Señor es mi pastor» (v. 1), estaba diciendo todas estas cosas. Él lo entendía bien; primero, porque era pastor de sus ovejas y segundo, porque había aprendido a verse a sí mismo como una oveja que necesita del cuidado de un pastor. Lo maravilloso es que toda esa descripción poética del Salmo 23 luego tomó forma humana en Jesús. Como de seguro viste en el pasaje que inicia este capítulo, Jesús se adjudicó ese título: «Yo soy el buen pastor». Es uno de los famosos «Yo soy» que encontramos en el Evangelio de Juan.

La llegada de este pastor fue anunciada siglos antes en la Escritura, por medio del profeta Ezequiel, justo en el capítulo 34 donde Dios les revela que hará de ellos un pueblo nuevo, con corazón nuevo.

«Mi siervo David será rey sobre ellos, y todos ellos tendrán un solo pastor; andarán en Mis ordenanzas y guardarán Mis estatutos y los cumplirán» (Ezeq. 37:24).

No pierdas de vista que David, el rey, ya había muerto. Aquí no se nos habla de ese David sino de su descendiente, el Rey prometido, el que se sentaría para siempre en su trono… ¡Cristo! Y así como David fue pastor, este nuevo rey sería también su pastor.

Quizá tú y yo no sepamos mucho de ovejas ni de pastores de ovejas, pero sí sabemos algo: solas no podemos pastorearnos, mucho menos salvarnos. Nuestra condición humana, caída, limitada, perdida necesita un pastor así, que nos rescate, que dé su vida por nosotras. Jesús no es cualquier pastor, Él es el Buen Pastor. Fíjate que no dice «yo soy *un* buen pastor», dice «*el* Buen Pastor», uno solo, exclusivo.

Ahora bien, cuando estamos en Cristo y decimos «Jesús es mi pastor», lo que estamos diciendo es lo siguiente: ya no soy una oveja descarriada, ya no ando perdida, ahora tengo al Buen Pastor que me hizo parte de Su rebaño al dar Su vida por mí. Mi querida lectora, ¡esa afirmación siempre debe refrescar nuestra alma! Ahí comienza el descanso. Él lo hizo posible.

¿Recuerdas el himno «Pon tus ojos en Cristo» que cité en un capítulo anterior? Mira como empieza:

¡Oh, alma cansada y turbada!
¿Sin luz en tu senda andarás?
Al Salvador mira y vive,
Del mundo la luz es su faz.

Toda alma que no ha encontrado a Cristo siempre estará cansada; pero cuando nuestros ojos se encuentran con los de Él, ¡vivimos, descansamos por fin! Descansamos porque además de darnos la salvación que tanto necesitamos como ovejas perdidas que estaban fuera del redil, también provee para nosotras. El texto completo de ese versículo 1 del Salmo 23 dice: «El Señor es mi pastor, nada me faltará». Mira cómo tradujeron estas versiones ese mismo pasaje:

«El Señor es mi pastor, nada me falta» (NVI).
«El Señor es mi pastor; tengo todo lo que necesito» (NTV).

Lo sabemos de memoria, lo repetimos en diversos momentos de la vida pero, ¿lo creemos? ¿Realmente creemos que porque Jesús es nuestro pastor tenemos todo lo que necesitamos? La verdad del pasaje es clara y contundente: tengo todo lo que necesito, no me falta nada. Ahora mismo, aunque al considerar mi situación pueda pensar diferente. Lo que el pasaje está diciendo es que el Buen Pastor se ha encargado de que en este momento tenga justo eso, lo necesario. Lo que, a mi entender, pueda faltarme es porque Él, en Su divina sabiduría y soberanía, ha determinado que no me hace falta. ¿Me explico? Tantas veces batallamos por cosas, tangibles o intangibles, creyendo que son necesarias, que sin ellas no podemos vivir, y se nos olvida que Jesús es nuestro pastor, nuestro Buen Pastor, y en Él ya tenemos TODO lo que necesitamos. ¡Con razón nuestro corazón se siente cansado y agobiado!

A veces pienso en los cristianos alrededor del mundo que pasan por situaciones tan difíciles: persecución, carencias, incluso hambre. ¿Será que Jesús no es el Buen Pastor para ellos? ¿Cómo conciliamos esta verdad? ¿Sabes cómo? La gracia de Dios. Solo por Su gracia. Es Su gracia la que sostiene y da las fuerzas en esos momentos. Fue por esa gracia que Pablo pudo perseverar incluso en medio de terrible adversidad, y pudo decir «todo lo puedo en Cristo» (Fil. 4:13). De eso se trata. En los momentos en que parece que no podemos encontrar lo que nos falta, ahí está la gracia de Dios, el Buen Pastor ha provisto Su gracia suficiente para el momento. Esa gracia se traduce en fortaleza, en perseverancia, en esperanza, en valor...

Amiga lectora, cuando esa verdad se siembre en mi corazón, lo conquiste y lo dirija, las supuestas carencias ya no lo serán porque habremos entendido que tenemos lo que necesitamos. Y ¿sabes?, no solo estoy hablando a nivel material. Me refiero también a nivel emocional y espiritual. Él ha provisto lo que sabe que ahora es bueno para ti y para mí. Y eso que tal vez quisiéramos tener (léase incluso un afecto personal), aunque tenga sabor a carencia, en Cristo tenemos lo que necesitamos, hoy y ahora... y mañana también. ¿Lo crees así? Porque si no lo creemos, entonces seguimos deambulando como ovejitas perdidas, desamparadas, que se niegan a recibir el cuidado y la provisión que el Pastor tiene para ellas, no solo lo que creen que necesitan, sino lo mejor. Ese es el verdadero descanso: saber que Jesús es mi Buen Pastor, por eso tengo lo que necesito. Y no solo saberlo, vivir anclada en esta verdad.

DESCANSO EN SU PROVISIÓN

Como pastor, David sabía muy bien el valor que tienen para la oveja un prado verde y fresco, y un arroyo. Son sinónimo de alimento, de provisión, de descanso. Es llegar al lugar donde se renuevan las fuerzas. ¿Y qué es lo que más buscamos cuando estamos cansadas? Renovar las fuerzas para poder seguir adelante, ¿verdad? Eso es también lo que requiere nuestro corazón cansado, y justo lo que Cristo, como Buen Pastor, nos ofrece.

En ese mismo capítulo 10 del Evangelio de Juan, pero en el versículo 9, Jesús hace otra declaración: «Yo soy la puerta; si alguno entra por Mí, será salvo; y entrará y saldrá y hallará pasto». Una y otra vez en el Nuevo Testamento encontramos referencias a entrar en el reino de los cielos. Aquí Jesús afirma sin rodeos que Él es la entrada; solo podemos llegar al descanso de nuestras almas y espíritus atravesando esa puerta, para seguir con la analogía. Pero también nos asegura que del otro lado encontraremos la seguridad de Su provisión. Una vez que estamos en Cristo, tenemos acceso a la provisión que no se acaba, la provisión para un alma hambrienta, la bendición de la presencia de Dios. ¡Ese es el descanso para nuestra alma! Cristo lo ofrece, Cristo lo da.

Un buen pastor no solo lleva a las ovejas al prado para alimentarlas, sino que busca para ellas fuentes de aguas donde calmar su sed y refrescarse. Tal vez recuerdes la historia de aquella mujer que sedienta llegó al pozo bajo el sol del mediodía (Juan 4). Llegó con un cántaro vacío y se fue con un corazón lleno. ¿Por qué? Porque había encontrado la fuente de agua que no se agota ni se seca, ¡el agua de vida! ¡Jesús! Cuando David, el pastor de ovejas, escribió este Salmo, quizá sin saberlo, estaba apuntando al Buen Pastor que un día vendría para calmar la sed de reposo, de paz, de esperanza, de salvación. El problema es que muchas veces no vivimos así, en el descanso que ya tenemos en Cristo. Vivimos ansiosas, preocupadas, estresadas. Jesús hizo una invitación a Sus oyentes en Mateo 11 que debemos considerar.

«Vengan a mí todos ustedes que están cansados y agobiados, y yo les daré descanso. Carguen con mi yugo y aprendan de mí, pues yo soy apacible y humilde de corazón, y encontrarán descanso para su alma. Porque mi yugo es suave y mi carga es liviana» (28-29, NVI).

Cuando en primera instancia miramos este pasaje, pareciera haber una contradicción. Jesús está diciendo que los que estén cansados y agobiados acudan a Él. Hasta ahí todo está bien. Pero de inmediato les da una orden un tanto contraproducente: carguen con mi yugo. Un yugo nos da la idea de un peso, de algo que nos presiona y nos ata, algo que tenemos que cargar. ¿Cómo es posible que Él hable de descanso y de un yugo a la misma vez? El yugo, en la Biblia, por lo general indica esclavitud, servidumbre. ¿Por qué Jesús usó entonces esta metáfora?

Primero, entendamos que el yugo era una imagen muy clara para Sus oyentes porque, como ya vimos, era una sociedad agrícola. Entonces, cuando se pone un yugo a los bueyes, aunque deben ser semejantes en tamaño, edad y raza, siempre uno de los dos será el líder de la yunta. Un detalle importante es que un buen yugo debe hacerse de modo tal que se ajuste bien a los animales que lo llevarán.

Un buen yugo no causa heridas a los animales ni les resulta incómodo, de modo que pueden hacer bien el trabajo.

Los oyentes de Jesús estaban viviendo bajo la opresión de varios yugos. Un primer yugo era el dominio romano que con sus impuestos y regulaciones apenas dejaban respiro. Otro yugo más grande todavía era el religioso. La manera en que los fariseos interpretaban la ley, con todo lo que le habían añadido (esto lo vemos a lo largo de los Evangelios), se había convertido en un peso demasiado difícil de llevar para los israelitas. Era un yugo desigual, una carga pesada. Ahora Jesús les dice que su yugo, es decir, caminar junto a Él, vivir en Él, era algo fácil, no una carga. Ese es el contexto de la invitación que Jesús les hace cuando les llama a acudir a Él. Él sabía que Sus oyentes estaban cansados, agobiados por tratar de llegar a Dios mediante reglas y leyes imposibles de cumplir. Por eso les dice que, al unirse en yugo a Él, la carga será ligera, liviana, fácil. Él provee descanso.

¿Lo entendemos mejor ahora? Es posible que tú misma te hayas impuesto un yugo, a pesar de estar en Cristo, o tal vez no sepas que estás viviendo bajo ese yugo… Cuando creemos que se trata de nosotras, de nuestras obras, de que tengo que mantener cierta imagen frente a los demás, o hacer ciertas cosas para ganarme la aprobación de Dios o para tener una buena relación con Él, ¡estoy viviendo bajo el yugo del legalismo! Y el legalismo, amiga, siempre nos deja cansadas, agobiadas y sin fuerzas.

Luego Jesús les dice que aprendan de Él que es apacible, manso, y humilde de corazón. Tal vez te preguntes qué tiene que ver lo del yugo, y lo de ser manso y humilde, con descansar. Bueno, yo tampoco había pensado en eso hasta hace poco. Cuando nuestra actitud es de «yo sí puedo, yo soy fuerte, yo soy suficiente», o cuando es de «tengo que hacer más, tengo que manejar mejor mi vida, mi tiempo», estoy viviendo bajo el yugo del orgullo, el orgullo de la autosuficiencia y la independencia, algunas de estas cosas ya las mencionamos antes. Y cuando vivo bajo el legalismo de mi esfuerzo o el orgullo de mi independencia, ¡vivo ansiosa, mi alma no puede descansar! Quiero ser yo la que lidere la yunta, por usar la misma analogía.

Jesús nos invita a descansar en Él de toda carga y yugo espiritual. Y lo hacemos cuando reconocemos nuestra necesidad continua de Él. Mi vida descansa cuando reconozco que no soy Dios, que no tengo control sobre las situaciones y que puedo depender absolutamente del plan de un Dios soberano que nos dio en Jesús, el Buen Pastor, la fuente del descanso. Mi alma se refresca cuando entiendo que no se trata de mí, que no tengo que impresionar a nadie ni hacer nada más, que ya Cristo lo hizo todo por mí. Mi corazón halla descanso cuando reconozco mi ansiedad como lo que es, un deseo de control.

El mismo Señor Jesús nos dio la orden de no vivir ansiosas (lo encuentras en Mateo 6). Es contradictorio que una mujer que ha conocido al Buen Pastor viva en el mismo estrés y preocupación constantes en que vive un mundo que le desconoce. ¿Sabes cuál es el asunto? Que no hemos entendido que eso es un pecado. Cuando la preocupación es lo que controla mi vida, y no la confianza en Dios, estoy pecando porque estoy desobedeciendo a Dios que me dice «no te preocupes, no te afanes, confía en mí».

¿Qué hacer entonces cuando la ansiedad asoma la cabeza? Lo que nos dice Pablo en Filipenses: «No se inquieten por nada; más bien, en toda ocasión, con oración y ruego, presenten sus peticiones a Dios y denle gracias. Y la paz de Dios, que sobrepasa todo entendimiento, cuidará sus corazones y sus pensamientos en Cristo Jesús» (4:6-7, NVI). Es un asunto de confianza en Dios.

La tentación, cuando estamos en tal estrés y falta de descanso, es buscar una solución, tratar de resolver el problema por nuestra cuenta o encontrar una vía de escape. Creemos que si salimos con una amiga a tomar un café, o si nos vamos en un crucero de fin de semana, el problema de la ansiedad se va a resolver. ¡No es cierto! Porque es un problema del corazón, y los problemas del corazón no se resuelven con parches temporales.

Me gustaría hacer un paréntesis aquí. Existen tipos de ansiedad, depresión u otras condiciones mentales que requieren ayuda profesional. ¡Y no hay nada de malo en ello! Si estás ahí, si sabes que ya has agotado todos los recursos que conoces, busca ayuda. El Señor nos ha dado médicos y especialistas que pueden ser instrumentos suyos para nuestra mejoría. No eres menos cristiana por buscar tratamiento. Nosotros somos un conjunto físico y espiritual. Por lo tanto, para que funcionen bien, ambos necesitan estar saludables.

¿Adónde corro cuando mi alma está cansada? ¿A las redes sociales que solo me cansan más porque mi vida no es como la de otras mujeres? ¿A la televisión, al helado, al centro comercial? Mi querida lectora, ¡corre a Cristo! El Buen Pastor es tu descanso. Él dio Su vida por ti y por mí, ovejas perdidas, para que hoy tengamos acceso al más verde de los prados y la más fresca de las aguas, ¿por qué conformarnos con imitaciones baratas, por qué seguir buscando? El Salmo 23 no es solo un lindo poema para repetir en momentos tristes. Sí, es un poema, y es hermoso, pero es Palabra de vida que nos recuerda quién es el Pastor y lo que Él ha hecho por Sus ovejas.

DESCANSO EN SU PLAN

Dice la Real Academia Española que restaurar es «renovar o volver a poner algo en el estado o estimación que antes tenía».[2] Cuando se trata de un corazón cansado, solo Cristo lo puede restaurar y renovar. Como vimos antes, solo Él puede llevar un alma de la muerte a la vida (Col. 2:13). Solo Él puede llevar a luz un alma que antes vagaba en oscuridad (1 Ped. 2:9, NTV). Solo Él puede blanquear el alma ennegrecida por el pecado (1 Jn. 1:7), ¡solo Él restaura el corazón para hacerlo nuevo! Y justo eso es lo que dice el Salmo 23:3, que el Buen Pastor restaura nuestra alma, le vuelve a dar vitalidad. El Buen Pastor no solo nos restaura en cuanto a nuestro destino final, la vida eterna, sino que nos restaura en el día a día.

Muchos creen que David escribió el Salmo 23 hacia el final de la vida, quizá durante la rebelión de su hijo Absalón. Sin duda alguna, el final de la vida es un tiempo en que las fuerzas comienzan a fallar. Dicen que después de los 40 se enciende la luz que dice «revise el motor», y es verdad. Con el paso de los años llega la necesidad de los lentes, tienes que vigilar el colesterol, la presión arterial, etc. Y claro, a medida que las décadas se suman, los problemas también, porque este cuerpo vive en un mundo caído. La buena noticia es que cuando vivimos con el Buen Pastor, cuando Él pastorea nuestra vida, aunque por fuera nos vamos desgastando, por dentro nuestra alma se va refrescando, renovando, como nos recuerda el apóstol Pablo en su carta a los corintios: «Por tanto, no nos desanimamos. Al contrario, aunque por fuera nos vamos desgastando, por dentro nos vamos renovando día tras día» (2 Cor. 4:16, NVI).

El versículo añade que el Buen Pastor es nuestra guía. No sé si sabías que las ovejas son animales insensatos. Vagan de aquí para allá sin dirección correcta, dejan un prado fértil para irse a un desierto. Pueden llegar incluso hasta la madriguera de un lobo, y no darse cuenta. ¡Con razón la Biblia todo el tiempo nos compara con las ovejas! Ah, pero el Buen Pastor, Él guía a las ovejas y lo hace por buen camino, las guía por caminos de justicia, ¡y todo por amor a Su nombre!

Juan 10 dice que el Buen Pastor llama a Sus ovejas, y ellas lo siguen, dice que ellas conocen Su voz. ¡Esto es fascinante! A pesar de ser animales insensatos, distraídos y muy vulnerables, ¡conocen la voz del pastor! Y porque reconocen la voz, le siguen. Las ovejas no discuten con el pastor, no cuestionan si el pasto al que las lleva será bueno o no. Ellas le siguen confiadas porque entienden que no hay otra vida mejor. ¿Conocemos la voz de nuestro pastor, le escuchamos? Y quizá estés pensando, *¿cómo voy a escuchar a Dios, es audible Su voz?* Bueno, no tengo dudas de que Su voz es audible, la Biblia está llena de ejemplos de personas que en un momento dado escucharon esa voz. Sin embargo, la realidad es que a nosotros ya nos ha hablado, de una manera muy clara y para que no se nos olvide, la tenemos impresa. Dios nos habla en Su Palabra, ahí podemos escuchar Su voz, solo que necesitamos dedicarle el tiempo necesario para aprender a estudiarla bien, discernirla, atesorarla, y obedecerla. De otro modo, no podemos conocerla. Además, tenemos al Espíritu Santo quien nos recuerda la verdad, nos guía a la verdad. Eso es descanso para nuestro cansado corazón, porque no necesito buscar a ver si encuentro la voz de Dios, ¡Él me ha hablado ya en Su Palabra!

Nosotras tenemos un Buen Pastor, podemos descansar en que Su plan, por el que nos está guiando, también es bueno. David reconoció que el camino del Pastor es un buen camino, es un camino de justicia, un camino seguro, un camino de bendición. ¿Un camino fácil? No necesariamente. En muchas ocasiones el camino tendrá baches, desniveles, desvíos inesperados. Pero puedo descansar en que el camino será el mejor porque me guía el Buen Pastor.

DESCANSO EN LOS DESVÍOS Y LA DIFICULTAD

Y hablando de baches, qué molesto resulta ir manejando, sobre todo en horario pico, y encontrarnos un letrero que dice: «Desvío». Me pasó el otro día y resultó que el desvío me obligaba a regresar, por otra calle, a mi punto de partida. Realmente frustrante, pero así es cuando están haciendo arreglos. Y lo mismo nos sucede a nivel personal. Los desvíos no nos gustan.

Cuando mi esposo y yo decidimos emigrar, el plan original era venir a los Estados Unidos. Era nuestro plan, pero no el de Dios. El plan de Dios implicaba un desvío de un año y medio por otro país. En aquel entonces a mí me resultó un poco difícil comprenderlo. Con mis ojos humanos no podía encontrar el sentido a aquel aparente inconveniente. Era un país frío, muy diferente y donde apenas conocíamos a nadie.

Al mirar atrás ahora me doy cuenta de que solo Dios con Su sabiduría pudo haber orquestado algo así. En ese año y medio crecí mucho más que durante varios años juntos. Y no hablo de crecimiento físico, hablo de crecimiento espiritual, madurez. Viví experiencias que hubiera preferido no tener, pero entiendo que fueron necesarias. También puedo ver cómo el Señor nos usó en ese breve tiempo para bendecir la vida de algunas personas y cómo también nos bendijo a nosotros mediante las vidas de muchas otras.

Los desvíos en la vida son necesarios porque nos hacen crecer y nos llevan a depender más de Dios y, sobre todo, prueban nuestra confianza en Él. Piensa, por ejemplo, en los Israelitas de camino a la tierra prometida. La trayectoria que pudo haberse hecho en días prácticamente demoró cuarenta años. Dudaron de Dios, le desobedecieron, y el desvío fue costoso, pero a pesar de todo, fueron testigos de la fidelidad de Dios, de Su provisión, Su misericordia, Su protección. Fue la gracia de Dios lo que los llevó al otro lado.

Es probable que ahora mismo estés en un desvío; no lo quieres, no lo viste venir, pero ahí estás. Vale recordar las conocidas palabras de Pablo en Romanos: «Ahora bien, sabemos que Dios dispone todas las cosas para el bien de quienes lo aman, los que han sido llamados de acuerdo con su propósito» (Rom. 8:28, NVI). El desvío en que puedas encontrarte ahora no fue una sorpresa para Dios, es parte de Su plan, y ese plan es perfecto. Está diseñado para traer gloria a Su nombre, en primer lugar, y bien a tu vida. Los desvíos pueden ser lentos, dolorosos y hasta parecer interminables, pero el resultado traerá bien. Confía en Dios y pídele la fuerza y la gracia para seguir adelante mientras lo vives.

Mi año y medio en ese otro país tuvo sus momentos difíciles, pero hoy puedo darle gracias a Dios por haberlo hecho de esa manera. El mensaje de Santiago hace eco en mi corazón: «Tengan por sumo gozo, hermanos míos, cuando se hallen en diversas pruebas, sabiendo que la prueba de su fe produce paciencia, y que la paciencia tenga su perfecto resultado, para que sean perfectos y completos, sin que nada les falte» (Sant. 1:2-4).

¿Palabra clave en este versículo? *Cuando*. No dice «si tienen pruebas», condicionalmente. Nos dice que el momento llegará. ¿Por qué vienen las pruebas, los desvíos? Muchas razones, no puedo abarcarlas todas, pero el mismo Santiago nos enseña que las pruebas desarrollan la paciencia en nuestro carácter, el sufrimiento nos pule, nos hace más como Jesús, aunque no nos guste. Las pruebas fortalecen nuestra fe (1 Ped. 1:7). Y las pruebas son prerrogativa de Dios. Él decide el cómo, el cuándo y el dónde.

Por eso David, en el versívulo 4 del Salmo 23, habla del valle de sombra y de muerte. ¡Es un hecho en nuestra vida, literal y no literal!

Como pastor él lo vivió en los campos, mientras pastoreaba siendo un jovencito, amenazado por fieras depredadoras. Luego vio la muerte de cerca, cuando Saúl trató de aniquilarlo en más de una ocasión. Caminó por ese valle cuando murió el primer hijo que tuvo con Bestabé, y también cuando vivió la rebelión y muerte de Absalón (como dije antes, muchos creen que fue en ese momento que escribió el Salmo 23).

Un valle es un lugar bajo, entre montañas, donde no podemos ver lo que se avecina. Cuando estamos en el valle, estamos en desventaja. El valle es una metáfora para referirse al lugar donde sentimos desprotección, vulnerabilidad, dolor. El corazón de David había experimentado el tipo de dolor que muchas veces no podemos siquiera describir, y que, en una medida u otra tendremos que enfrentar de este lado de la eternidad.

A la luz de la Escritura vemos claramente que la aflicción siempre estará presente en el mundo caído en que vivimos. Conocer a Cristo no nos exime de pasar por el valle de sombra de muerte o, dicho de otra manera, por las dificultades. Si has escuchado algo diferente, es un falso evangelio que ignora las palabras del propio Jesús: «Estas cosas os he hablado para que en mí tengáis paz. En el mundo tendréis aflicción; pero confiad, yo he vencido al mundo» (Juan 16:33, RVR1960). Él estaba hablando con sus discípulos. Les estaba advirtiendo justamente para que no creyeran que sería fácil. Unos versículos antes les anuncia que, por causa de Él, serían perseguidos, aborrecidos, desalojados. Y esta es la realidad que hoy, en este mismo momento, viven muchos cristianos en el mundo entero. ¡Aflicciones!

Hermana querida, esas cosas que parecen un valle tenebroso, de muerte, están bajo el control y la soberanía del Dios que nos ha redimido de la muerte y el pecado. No lo estás pasando porque Él te ame menos o quiera castigarte. Pablo mismo nos dijo en Romanos 8 que ninguna cosa, ninguna, nos puede separar del amor de Dios, ni siquiera la muerte. Nuestro corazón puede tener descanso, incluso ante situaciones que nos producen temor.

El miedo o el temor son emociones válidas, siempre y cuando sean momentáneas y no permanentes. Algo nos puede asustar, pero vivir en constante temor es muy diferente. Por eso tantas veces la Biblia nos repite: «No temas». ¿Por qué David podía afirmar tan categóricamente que, a pesar de estar en ese valle oscuro, mortal, no tendría miedo? ¡Él sabía, y conocía bien, quien estaba a su lado! Mira lo que dice: «Tu vara y tu cayado me infundirán aliento» (v. 4, RVR1960).

Otra vez usó una imagen que como pastor le era familiar. Con la vara y el cayado los pastores rescatan a las ovejas y las protegen, y también las dirigen. ¿Qué hace el Buen Pastor? ¿Por qué las ovejas pueden estar confiadas? Mira sus Palabras: «Yo les doy vida eterna y jamás perecerán, y nadie las arrebatará de Mi mano. Mi Padre que me las dio es mayor que todos, y nadie las puede arrebatar de la mano del Padre. Yo y el Padre somos uno» (Juan 10:28-30). Nada de lo que tengamos que atravesar en esta vida nos puede separar de Cristo, y tenemos la promesa de una eternidad con Él.

Muchas veces, cuando nos sentimos cansadas y agotadas, olvidamos que todo esto es temporal. Nos afanamos demasiado por cosas que un día no importarán, cosas que un día terminarán, el día cuando el Buen Pastor nos llevará al agua de vida, y enjugará todas nuestras lágrimas (ver Apoc. 7:17). Sí, un día nos tocará enfrentar el valle de la muerte, literalmente, a menos que Cristo venga antes. ¡Qué esperanza saber que incluso en ese momento tan temido por muchos, ese momento en que todo lo que conocemos termina, no estaremos solas! Jesús, el Buen Pastor, nos llevará del otro lado, a la vida eterna, a ese lugar de pastos delicados, al monte, a esa casa que ha estado preparando para recibirnos. ¡Gloria a Dios! Le pido al Señor que podamos vivir con esta perspectiva, ancladas en la verdad.

El Salmo 23 termina de una manera gloriosa: «Ciertamente el bien y la misericordia me seguirán todos los días de mi vida, y en la casa del SEÑOR moraré por largos días» (v. 6).

Si recuerdas lo que mencionamos antes, muchos creen que David escribió este salmo en un tiempo tormentoso. Sin embargo, las circunstancias no determinaban la convicción. A pesar de lo que sus ojos veían, el corazón estaba anclado en una verdad: El Señor es mi pastor. Pero la perspectiva de David estaba limitada. Él no conocía la historia completa, nosotros sí. Nosotros ahora tenemos acceso al Buen Pastor, todos los días de nuestra vida, y gracias a Él, tenemos la esperanza de habitar en Su presencia eternamente. ¡Tú y yo moraremos, literalmente, en la casa del Señor para siempre! ¡Aleluya! Esa es la noticia que puede dar descanso a nuestro corazón todos los días. Tú y yo necesitamos aprender a predicarnos el evangelio a nosotras mismas constantemente. Yo no tengo que depender de lo de afuera, ni de hacer más, ni de planificar mejor mi tiempo, ni de nada para que mi corazón descanse. ¡Jesús es el agua viva que me refresca! Él es mi Buen Pastor. Él es mi descanso, me invita a caminar bajo Su yugo, en total dependencia de Él, en libertad de mí misma. Es mi Buen Pastor que restaura mi vida, la guía. Yo puedo descansar en esa certeza. Él es mi protección y esperanza en el sufrimiento, puedo descansar en la verdad de Su Palabra.

Amiga querida, no busques más. Tu vida y la mía solo encuentran el verdadero descanso en alguien, no en algo. Y ese alguien es Cristo. Él da descanso a nuestro corazón.

PARA RECORDAR

El control es una ilusión sin verdadera realidad, porque ningún ser humano tiene control de su vida.

Nuestra vida no nos pertenece; está bajo el control de un Dios soberano que creó los cielos, la tierra y todo lo que en ellos habita. Y no solo lo creó, lo dirige y lo sustenta.

Este es el verdadero descanso: saber que Jesús es mi Buen Pastor, por eso tengo lo que necesito.

La aflicción siempre estará presente en el mundo caído en que vivimos. Conocer a Cristo no nos exime de pasar por las dificultades; pero nada de lo que tengamos que atravesar en esta vida nos puede separar de Cristo y Su amor.

PARA REFLEXIONAR

1. ¿Qué describe mejor tu idea de un buen descanso? Ahora recuerda la última vez que descansaste de esa manera. ¿Qué sentiste?

2. ¿Qué diferencia podemos establecer entre nuestra idea de descanso y lo que nos enseña la Palabra de Dios?

3. Lee de nuevo el Salmo 23. Te invito a leerlo en más de una versión.

4. ¿Qué aprendiste sobre el carácter de Dios en las páginas de este capítulo 8?

5. Cuando estás pasando por un tiempo difícil o estresante, ¿cuál es tu primera reacción? Lee Salmo 34:4; Filipenses 4:6. ¿Qué sugieren estos pasajes que debemos hacer en tiempos así?

9

LA FE DEL CORAZÓN NUEVO

Entonces les dijo: «¿Por qué están atemorizados? ¿Cómo no tienen fe?»
Marcos 4:40

«La fe nunca sabe adónde se dirige, pero ama y conoce a Aquel que la guía».—Oswald Chambers

El día en que suena el teléfono y recibes la llamada que nunca quisieras recibir, cuando la persona del otro lado te dice que todo está «normal» en el examen, pero necesitan hacer más estudios porque la radióloga no está conforme con las imágenes. Te ordenan hacer la cita para un ultrasonido. Mil pensamientos contrarios dan vueltas en tu cabeza y el futuro de pronto parece imposible. Las preguntas se agolpan pidiendo respuestas rápidas que nadie te puede dar. Y las lágrimas te queman los ojos y tratas de contenerlas mientras miras a tu alrededor, contemplas a los que amas y te tragas las palabras.

Llega el día del ultrasonido. La señora sentada al frente ya no tiene cabello porque lo perdió en la quimioterapia. Y la de al lado no se explica cómo llegó hasta ese lugar si en su familia nadie antes ha tenido esa enfermedad. Dos voces más se suman a la conversación y mencionan nombres de médicos famosos y tratamientos efectivos… o al menos eso han escuchado.

Mientras todo esto pasa, los latidos de tu corazón se aceleran, los músculos se tensan y te preguntas si llegarás a ser parte de un grupo así o no.

Sí, yo viví ese día. Todo lo anterior.

Mientras las demás féminas del salón intercambiaban ideas y experiencias, saqué el teléfono de mi cartera y me puse a leer la Biblia... porque cuando sientes que el aire te falta y casi no puedes respirar porque el temor te está apretando las venas, solo la Palabra de vida te puede reanimar y darte el oxígeno que nunca se acaba.

No siempre Dios nos responde como quisiéramos. No siempre llega un mensaje que confirma lo que quieres escuchar. En aquel momento Dios tuvo misericordia y salí del lugar con una respuesta negativa. Sí, en el mundo de la medicina negativo es bueno y positivo es malo, ¡vaya contradicción! Y, a nivel humano, es agradable cuando te dicen: «Todo está bien, no hay nada por lo cual preocuparse». Pero sabemos que no siempre es así.

Aquel día pensé en muchas cosas, pero más que nada pensé en la fe. Sentada en la sala de espera pensé cómo en circunstancias como estas nos damos cuenta de que nada más nos sostiene, nada más nos puede alentar. Solo Dios y Su Palabra, pero ¿de verdad lo creemos, realmente tenemos fe?

A lo largo de mi vida, en tiempos de prueba y adversidad, he visto que no siempre respondo con fe, a veces mi corazón ha reaccionado con incredulidad. Nuestros labios pueden decir que creen, pero nuestro corazón puede comportarse como el de un ateo que no reconoce la existencia de Dios.

Curiosamente, en aquella misma semana en la que me vi envuelta en exámenes adicionales que buscaban un cáncer, una señora en la escuela de mis hijos me dijo, con respecto a otro asunto: «Hay que tener fe». Esa es una frase muy común entre la gente, pero lo que quiere decir varía de una persona a otra.

Muchos consideran la fe como una fuerza en sí misma y por eso cuando una situación inesperada o difícil les sobreviene, es común escuchar cosas como «yo tengo fe en que todo va a estar bien», «ten fe que vas a salir de esto», «yo soy una persona de fe», etc. La pregunta que se impone es ¿qué es la fe? Y para responderla, comencemos por...

LO QUE LA FE NO ES

En lexico.com encontré lo siguiente acerca de la palabra «fe»: «Convencimiento íntimo o confianza, que no se basa en la razón ni en la experiencia, en que una persona es buena, capaz, honrada, sincera, etc., o en que algo es eficaz, verdadero, posible, etc.».[1]

Según esta definición, tener fe es estar convencido de algo, pero no con base en la razón ni en la experiencia. Parece más bien que la persona llega a este convencimiento por persuasión o deseo propio, pero sin motivo de ningún tipo. De manera que la persona decide poner su confianza en algo o en alguien a pesar de no tener elementos suficientes que validen el objeto de dicha fe.

Así que cuando alguien meramente dice «hay que tener fe», está aludiendo a tener confianza en cualquier cosa o persona que, según su propia elección, puede tener algún tipo de influencia en el resultado final de determinada situación. El objeto de dicha fe es indefinido y manipulable. ¿Qué quiero decir? Que cuando una persona dice esto, está pensando simplemente en que de alguna manera cósmica las cosas sucederán como las imagina y desea. Otros en realidad igualan «tener fe» a mirar las cosas de manera positiva. En este caso el objeto de su fe es más bien un pensamiento, la capacidad de producir pensamientos positivos, buenas vibras, como dicen algunos.

En conclusión, es un modo humanista de considerar la fe porque pone al hombre en el centro.

El asunto es que esta manera de ver la fe también se ha introducido en el mundo cristiano. Muchos creen que es el tamaño de la fe, la grandeza de la fe, lo que determina el resultado de las oraciones. Digamos que alguien ora por sanidad, por ejemplo, pero la persona sigue enferma, o incluso muere. Los que piensan de esta manera responden así: «Tu fe no fue suficiente». A lo mejor el problema no es de sanidad sino con el trabajo. Una persona está orando porque necesita un trabajo, y las otras constantemente le repiten: «Tienes que orar con fe y verás que Dios te contesta», pero nada sucede.

Conocí a una mujer que vivió esto de primera mano. Durante su embarazo los médicos dieron un diagnóstico difícil, el bebé nacería con una enfermedad incurable. Ella obviamente estaba angustiada. Pero su angustia se hizo mayor cuando la comunidad que le rodeaba comenzó a cuestionar su fe y a culparla por ese diagnóstico. ¡Qué terrible!

¿Sabes cuál es el problema con este modo de pensar, con este concepto de la fe? Que en realidad deja a Dios fuera de la ecuación y pone a la persona en el centro de todo. Pensar de este modo no es bíblico porque ignora la soberanía de Dios. La respuesta a la oración por la sanidad de una persona, el trabajo por el que alguien pueda estar orando, el embarazo, el hijo descarriado, y muchas otras razones más por las que podemos orar, no depende de nosotros. Si decimos que oramos a Dios, entonces intrínsecamente estamos reconociendo que es Él quien tiene el poder de hacerlo y también la potestad de decidir cómo, cuándo y si lo hace.

No es el tamaño de mi fe, no es la grandeza de mi fe, no soy yo, ¡es Él! ¿Y sabes algo, amiga lectora? Eso debería provocar en nosotros paz. Sí, porque si la salud, el trabajo, el embarazo, etc. dependen de mí, ¡estoy perdida! Tú y yo sabemos que nuestra fe a veces es débil, nuestra fe muchas veces necesita un empujón, y tenemos que decir junto a aquel hombre que conversó con Jesús: «Creo; ayúdame en mi incredulidad» (Mar. 9:24).

Si tú has estado en una situación similar a la que describí unos párrafos antes, mi oración es que el Señor abra tus ojos y puedas entender la verdad. La razón de tu dolor, de esa oración que no ha sido contestada como quisieras, no es porque no tengas fe. Dios ha demostrado en Cristo cuánto nos ama y Su amor busca nuestro bien. Descansa en Su soberanía, en que Él tiene el control de todo lo que sucede.

Sufrir no es falta de fe, estar triste no es falta de fe. ¿Recuerdas a Job? Grande fue su sufrimiento, grandes sus pruebas. Y Job creía en Dios. De hecho, Dios permitió todo lo que sucedió en la vida de este hombre (lo puedes leer en Job 1 y 2). Los problemas, en su mayoría, no son porque no tengamos fe. Y digo «en su mayoría» porque en ocasiones los problemas vienen como resultado de nuestras malas decisiones. Las enfermedades, el sufrimiento, las tragedias son una consecuencia ineludible del pecado que ha inundado a este mundo, y es lógico que las tragedias, las pérdidas, provoquen en nosotros llanto y angustia.

Ahora bien, no me malentiendas, la fe es esencial para el pueblo de Dios. Y en breve hablaremos de qué es la fe a la luz de la Biblia, pero quisiera que comprendiéramos algo: fe no es creer que Dios hará lo que yo quiero que haga. Eso es arrogancia espiritual. Esa no es la fe bíblica. Una «fe» de esta clase es dañina para nuestro corazón porque en realidad no está puesta en Cristo. Nadie puede torcerle el brazo a Dios, ni darle órdenes, ni creer que con declaraciones egoístas y petulantes escudadas en «la fe» cambiará lo que ya Él ha determinado. Demasiadas oraciones se hacen en nombre de la fe en Dios cuando en realidad se parecen más a lo que describe Santiago en este pasaje: «... piden con malos propósitos, para gastarlo en sus placeres» (4:3). Enarbolar la bandera de la fe para justificar deseos egoístas es adulterio espiritual. Es decir que creemos en Jesús cuando en verdad nuestro corazón se ha ido tras este mundo. ¡Dios nos ayude!

Hemos visto más ejemplos de los que quisiéramos de personas que han terminado decepcionadas o engañadas como víctimas de este tipo de fe cuando todo lo prometido se desvanece. Y es que creyeron en promesas de hombres, en interpretaciones erradas de la Escritura, creyeron en seres humanos y no en Dios. A veces acaban con un corazón incrédulo. Nuevamente, es crucial que conozcamos bien la Palabra porque solo así podemos conocer a Dios, Su carácter, qué ha dicho y qué no ha dicho. La Palabra se convierte en la guía de nuestra fe.

LA FE A LA LUZ DE LA BIBLIA

Veamos entonces otra definición sobre la fe. Esta nos la ofrece el *Diccionario Bíblico Ilustrado Holman:* «A través de las Escrituras, *la fe es la respuesta humana de confianza frente a la revelación que Dios hace de sí mismo por medio de Sus palabras y de Sus acciones.* Dios inicia la relación entre Él y los seres humanos. Espera que las personas confíen en Él; la falta de confianza en Él fue en esencia el primer pecado (Gén. 3:1-7) [...] La fe bíblica es un tipo de conocimiento personal y limitado sobre Dios» [énfasis añadido].[2]

Sin pretender adentrarnos en aguas teológicas demasiado profundas, que no son el tema de este libro, no podemos ignorar la esencia de esta definición: la fe es una respuesta humana frente a un Dios revelado, y esa revelación ocurre a través de Sus palabras y Sus acciones.

La fe de la que habla la Biblia comienza en el corazón cuando la persona pone su confianza para salvación en la obra de Cristo en la cruz. Ese es el primer paso de fe, reconocer mi incapacidad de salvarme de mi pecado y descansar en lo que otro, Jesucristo, hizo por mí. Esa fe comienza al escuchar las buenas nuevas, el Evangelio: «... la fe viene del oír, y el oír, por la palabra de Cristo» (Rom. 10:17). Nuestra respuesta a esa revelación es por fe. Esta es la fe que nos justifica. Solo llegamos a ella al escuchar el evangelio, que es la palabra de Cristo. Y esa fe, por obra del Espíritu Santo, comienza a crecer en nuestra vida a medida que conocemos más a Dios, mediante Su Palabra y Su actuar. Al leer la Escritura vemos el historial de Dios, cómo ha ido cumpliendo Sus promesas porque Su carácter es fiel. ¿Recuerdas la promesa que le hizo a Abraham? ¿A Moisés? ¿A David? Todas apuntaban a un futuro que ellos no vieron, pero creyeron. Y el momento llegó, Cristo vino. Dios cumplió. Ellos vivieron por fe.

Fe a la luz de la Biblia es la certeza de que Dios hará lo que ha prometido, ya sea que lo veamos o no. Eso es lo que enseña Hebreos en el capítulo 11.

«Ahora bien, la fe es la certeza de lo que se espera, la convicción de lo que no se ve. Porque por ella recibieron aprobación los antiguos [...] Y sin fe es imposible agradar a Dios. Porque es necesario que el que se acerca a Dios crea que Él existe, y que recompensa a los que lo buscan» (1-2, 6).

No podemos agradar a Dios sin fe, no podemos acercarnos a Él sin fe. Es un requisito indispensable. Pero no perdamos de vista que esta fe no es algo abstracto o resultado de nuestra imaginación, esta fe bíblica está puesta en Su autor, que es Cristo. Esta fe está depositada en quien Dios es y lo que ha dicho. Mira lo que escribió Charles Spurgeon sobre este pasaje:

«Sin fe, estamos sin Cristo y, en consecuencia, sin un Salvador. [...] Sin fe, estamos espiritualmente desnudos, pobres, miserables, perdidos, condenados... y sin esperanza de una salida».[3]

El pasaje de Hebreos 11 incluye lo que se conoce como la galería de los héroes de la fe y ahí encontramos todo tipo de personajes: hombre valientes, no tan valientes, mujeres de buena y no tan buena reputación, reyes como David y gente sin linaje real. Estos hombres y mujeres vivieron por la fe puesta en Dios, pero con un entendimiento claro de lo que eso implicaba, por cierto, muy diferente a lo que a menudo vemos hoy. Es necesario que incluyamos más de este capítulo para entender lo que estamos diciendo.

«Todos estos murieron en fe, sin haber recibido las promesas, pero habiéndolas visto desde lejos y aceptado con gusto, confesando que eran extranjeros y peregrinos sobre la tierra. Porque los que dicen tales cosas, claramente dan a entender que buscan una patria propia. Y si en verdad hubieran estado

pensando en aquella patria de donde salieron, habrían tenido oportunidad de volver. Pero en realidad, anhelan una patria mejor, es decir, la celestial. Por lo cual, Dios no se avergüenza de ser llamado Dios de ellos, pues les ha preparado una ciudad» (vv. 13-16).

Murieron sin ver el cumplimiento de las promesas, ellos no vieron a Cristo, no conocieron de Cristo, pero lo aceptaron desde lejos... ¡con gusto! Nosotras hoy tenemos a Cristo, ¡gloria a Dios por eso! Hemos visto esa promesa cumplida. Pero hay otras que todavía no se han cumplido. Este mundo quebrantado nos duele. Nos enfermamos. La gente se muere. Los esposos abandonan el hogar. Hay racismo, hay abuso. El pecado reina. La nueva creación donde todo será perfecto todavía la miramos desde lejos. El mundo donde la justicia prevalecerá y donde toda lágrima será enjugada para siempre todavía es una promesa, no una realidad. Lo miramos desde lejos. ¡Pero hagámoslo con gusto porque sabemos que fiel es el que prometió! Podemos vivir con fe, ya sea que lo veamos o no, confiadas en que un día lo viviremos.

Aquellos paladines de la fe confesaron que eran extranjeros y peregrinos en esta tierra. ¿Qué quiere decir eso? ¡Este mundo no es nuestro hogar! Aquí estamos de paso, por fe estamos esperando llegar a nuestro verdadero destino, la patria celestial. Ellos no tuvieron una vida fácil. El pasaje dice que «experimentaron insultos y azotes, y hasta cadenas y prisiones. Fueron apedreados, aserrados, tentados, muertos a espada. Anduvieron de aquí para allá cubiertos con pieles de ovejas y de cabras; destituidos, afligidos, maltratados (de los cuales el mundo no era digno), errantes por desiertos y montañas, por cuevas y cavernas de la tierra» (Heb. 11:36-38). Y aunque por su fe Dios les aprobó, no recibieron la promesa, porque no había llegado el tiempo. Amiga, esto es la fe a la luz de la Biblia. Es vivir clamando a Dios cuando el dolor toca a la puerta, es tener la certeza de que Él puede cambiar la situación si así lo desea, pero también es confiar en que, si no la cambia, si no me sana, si el virus nos ataca, si el trabajo se pierde, ¡Dios sigue siendo bueno! Eso es fe a la luz de la Biblia.

Tener fe a la manera de la Biblia es saber que pasaremos las pruebas de las que nos hablan Santiago y Pedro, porque esas pruebas pulirán como oro brillante nuestra fe. Un corazón de fe corre la carrera, en momentos fáciles y difíciles, con los ojos puestos en Jesús… ¡el autor y consumador de la fe! (12:2). Así continúa el pasaje de Hebreos, pero en el capítulo que sigue. Nos dice que aquellos héroes y heroínas ahora son los testigos que presencian nuestra carrera. Querida lectora, si Cristo no viene antes, un día nos llamará y cruzaremos el río de la vida. Entre tanto, oremos para que nuestro corazón sea un corazón fiel, lleno de esa fe que tiene la certeza de lo que vendrá después, la ciudadanía celestial, la nueva creación.

En cuanto a la historia que conté antes, sobre la joven embarazada y la fe, es importante que entendamos que la vida de fe implica muchas veces decir: no entiendo, pero creo. Creo en la bondad de Dios, creo en Su propósito para cada uno de Sus hijos, creo en Su fidelidad, creo en Su provisión. CREO.

¿Fácil? No siempre. El dolor a menudo nubla la vista y embota el pensamiento. Pero la fe es como la espada que corta la oscuridad y nos abre paso, aunque todo siga oscuro. Muchas, muchas cosas se van a quedar sin respuesta de este lado de la eternidad. Y en cierto modo me alegra que así sea. No tenemos la capacidad para entenderlo todo. No somos Dios.

Cuando alguien sufre, no siempre tenemos que explicarle el por qué. No seremos menos cristianas al decir «no entiendo» o «no tengo respuesta para ti». Pero sí podemos abrazar, dar la mano, secar las lágrimas, orar y amar. Es posible que nuestra fe desmaye por momentos, pero tenemos a Jesús. Él es el autor, y el consumador de esta. Él llegó al final, a la meta, y en Él, tú y yo también podemos llegar, independientemente de lo que nos toque vivir.

Vale la pena citar estas palabras de la autora Nancy Guthrie, quien ha experimentado muy de cerca el dolor y el sufrimiento de circunstancias adversas como esas que nadie quisiera vivir, la pérdida de nuestros hijos. «Confiar en Dios cuando el milagro no llega, cuando la oración urgente no recibe respuesta, cuando solo hay oscuridad: este es el tipo de fe que Dios valora, quizá la que más valora. Este es el tipo de fe que puede desarrollarse y mostrarse solo en medio de circunstancias difíciles. Este es el tipo de fe que no se puede sacudir porque es el resultado de haber sido sacudida».[4]

LA FE Y LA OBEDIENCIA

Un corazón lleno de fe es un corazón obediente. Pero obedecer no siempre es fácil y creo que en muchas ocasiones está ligado a cuánto conocemos realmente a Dios, quien es el objeto y centro de esa fe. La verdad es que no confiamos en lo que no conocemos. A medida que nuestro conocimiento de Dios crece, también crece nuestra fe. Y es el tipo de confianza que no depende de las circunstancias sino de la convicción. Mira cómo lo describe este versículo del Salmo 9: «En Ti pondrán su confianza los que conocen Tu nombre, porque Tú, oh Señor, no abandonas a los que te buscan» (v. 10). ¿Lo ves? Los que confían, los que tienen fe, son aquellos que conocen Su nombre.

¿Qué pensarías tú si Dios te dijera que comenzaras a dar vueltas alrededor de un edificio de tu ciudad para derrumbarlo? En ese edificio está atrincherado un ejército con recursos militares. La orden además indica que debes hacerlo durante 6 días en silencio y al séptimo, ¡gritando! Probablemente pensarías que el plan de Dios es irracional y que hay muchas maneras mejores de conseguir derrumbar el edificio.

Ese fue el plan que Dios le dio a Josué para conquistar Jericó, una ciudad fortificada y de las más antiguas de las que tenemos conocimiento. Era la primera que los israelitas conquistarían al entrar en la tierra de Canaán, pero la estrategia militar que Dios les dio sin dudas no era nada convencional y si tú y yo estuviéramos en el lugar de Josué, creo que la miraríamos como un acto de fe. De hecho, Hebreos 11:30 dice que «por la fe cayeron los muros de Jericó, después de ser rodeados por siete días».

Josué revistió su fe de obediencia. Él confiaba en el Dios que le había prometido Su presencia y, por inusual que el plan pareciera, lo obedecería. Si la cuestión era marchar en silencio y después gritar, así se haría.

A veces nos toca «marchar alrededor de nuestro Jericó». Es decir, hacer cosas que para nosotros pueden no tener mucho o ningún sentido, son un acto de fe. Puede ser un cambio de trabajo, mudarse a otra ciudad, ir al campo misionero, cosas que nos desafían a dejar la comodidad de ser espectadores para convertirnos en parte del gran programa de Dios. Humanamente hablando pueden parecer locura. Seguro eso fue lo que pensaron los que estaban detrás del muro cuando vieron a este pueblo dando vueltas a su ciudad. Pero el relato bíblico nos cuenta que al séptimo día «el pueblo gritó y los sacerdotes tocaron las trompetas; y sucedió que cuando el pueblo oyó el sonido de la trompeta, el pueblo gritó a gran voz y la muralla se vino abajo. El pueblo subió a la ciudad, cada hombre derecho hacia adelante, y tomaron la ciudad» (Jos. 6:20).

Dar vueltas, en silencio o gritando, era un símbolo de fe, fe en que Dios haría lo que prometió, fe en que la victoria no dependía de su capacidad militar, sino del Dios que había dado la orden. Era también un mensaje alto y claro para los cananeos, ¡este pueblo tenía un respaldo que no era humano! Vale la pena recordar que la única familia que se salvó aquel día fue la de una mujer, Rahab la ramera… ¡y fue la fe lo que la salvó! Ella creyó en un dios que no conocía, pero sabía que era el único Dios.

Sí, la fe se manifiesta en nuestra obediencia. Y esa obediencia puede lucir de diversas maneras. A veces implica actuar, como en los ejemplos que antes mencionaba; otras veces implica quedarnos tranquilas y descansar en el tiempo de Dios. Muchas veces nos comportamos como niñas caprichosas que patalean porque no les compraron el juguete que querían o su mamá no les dejó ponerse el vestido favorito solo para estar en casa. ¿Y sabes lo que semejante comportamiento dice de ti y de mí? ¡Justo eso! Que todavía somos niñas en la fe.

Una mujer que quiere vivir conforme al diseño de Dios aprende a esperar en el tiempo perfecto de Dios. Y sí, ese tiempo puede significar minutos, horas o días… pero también puede tomar años. Cuando estoy en Cristo reconozco que cada cosa que suceda, o que no suceda en mi vida, está bajo Su soberanía y, por lo tanto, mi corazón siempre debe decir «no mi voluntad, Padre, sino la tuya», como nos modeló Jesús. De eso también se trata la fe.

Ciertos pescadores llevaban toda la noche pescando y regresaron a la orilla con las manos vacías. No eran aficionados. Eran pescadores de profesión que sabían lo que hacían y se esforzaban por hacerlo bien porque la pesca era su sustento y el de sus familias. Aquel día, luego de una jornada totalmente infructuosa, estaban lavando las redes y preparándose para ir a casa. En eso se les acerca Jesús y les dice que lo intenten de nuevo. Simón, también conocido como Pedro, fue el primero en responder, tal y como sucedió en otras ocasiones.

«Maestro, hemos estado trabajando toda la noche y no hemos pescado nada, pero porque Tú lo pides, echaré las redes» (Luc. 5:5).

Dicho con otras palabras, Pedro no tenía mucha fe en que algo ocurriría. Ellos habían trabajado durante la noche, el mejor horario para la pesca. ¿Qué probabilidades habría de tener resultados ahora que el día había despuntado? Pero, en obediencia, lo harían. ¿Alguna vez te has sentido así… que trabajaste muy duro, todo el día o la noche, y no lograste nada? ¿Y qué tal si llevas días, semanas, meses esforzándote y todavía no ves resultados? ¿Qué tal si las circunstancias más bien apuntan al desánimo? ¡Es ahí cuando entra la fe! Nos toca seguir haciendo nuestra parte, aquella a la que Dios nos llama, conscientes de que el resultado está en Sus manos, no en las nuestras. Tal vez Él llene las redes, como hizo aquel día, o tal vez no; pero porque creemos en Su palabra, seguimos lanzando la red, seguimos sirviendo, seguimos avanzando, seguimos creyendo.

PARA RECORDAR

Cuando sientes que el aire te falta y casi no puedes respirar porque el temor te está apretando las venas, solo la Palabra de vida te puede reanimar y darte el oxígeno que nunca se acaba.

Si decimos que oramos a Dios, entonces intrínsecamente estamos reconociendo que es Él quien tiene el poder de hacerlo y también la potestad de decidir cómo, cuándo y si lo hace. No es el tamaño de mi fe, no es la grandeza de mi fe, no soy yo, ¡es Él!

La fe se manifiesta en nuestra obediencia.

PARA REFLEXIONAR

1. ¿Hay algún entendimiento nuevo en tu concepto de fe luego de leer este capítulo? ¿Cuál es?

____

____

____

2. En este capítulo afirmamos que «fe no es creer que Dios hará lo que yo quiero que haga». ¿Estás de acuerdo con esa declaración? ¿Por qué sí o por qué no?

____

____

____

3. ¿Podemos tener verdadera fe en Dios sin conocerle en Su Palabra? ¿Cómo argumentas tu respuesta?

____

____

____

4. Lee Hebreos capítulo 11. ¿Cómo lo resumirías y cómo te ayuda a entender mejor la fe a la luz de lo que hemos expuesto en este capítulo?

____

____

____

5. Piensa en alguna situación en la que ahora te encuentras que requiere fe. Luego de lo que hemos estudiado, ¿cómo puedes comenzar a orar de manera que refleje una fe bíblica?

____

____

____

10

EL CORAZÓN ESPERANZADO

Por tanto, ahora ustedes tienen también aflicción; pero Yo los veré otra vez, y su corazón se alegrará, y nadie les quitará su gozo.
Juan 16:22

«Nunca tengas miedo de confiar un futuro desconocido a un Dios conocido».—Corrie Ten Boom

Será muy difícil recordar el año 2020 sin hablar de la vida en cuarentena. Me atrevo a decir que ha sido algo completamente nuevo para una gran mayoría de la población mundial. La cuarentena nos ha hecho retomar pasatiempos olvidados y comenzar otros nuevos. Mi hija comenzó a pintar con acuarelas, y aunque realmente no tengo talento en las artes plásticas, me gusta y me uní a ella en algunas ocasiones. También saqué cajas de fotos que me trajeron muchos recuerdos de la niñez, y que además decidí organizar en álbumes antes de que el paso de los años las dañe más.

He visto que muchos han recurrido a ordenar rincones, clósets o armarios de la casa que pedían a gritos una reorganización. Nosotros hemos hecho algo de eso también. Pero si no es tu caso, no te sientas mal, porque está claro que hay etapas de la vida en que mantener el orden es una tarea titánica porque hay niños pequeños en casa.

La cuarentena también nos ha obligado a bajar la marcha. En las redes muchos comparten fotos de puestas de sol, flores, árboles, animales y otros regalos de la creación simplemente porque ahora, con tanto tiempo en sus manos, se detienen a observar más esta belleza que en tiempos normales pasamos por alto. Yo he disfrutado como nunca, o al menos como hacía mucho tiempo, pasear en bicicleta y simplemente deleitarme en el mundo que me rodea aquí en mi pedacito de planeta, al sur de la Florida. De hecho, quiero seguir haciéndolo, aunque esta etapa termine.

Pero sin dudas, uno de los buenos recuerdos de la cuarentena serán las largas conversaciones, sin apuro, sin presión, con tiempo para escuchar y ser escuchados. Eso se ha repetido muchas veces en nuestra casa. ¡Y cuánto lo apreciamos! Nuestros hijos ya son adolescentes, y eso lo cambia todo. Los temas que ahora podemos platicar, los diferentes ángulos, las preguntas, son muy diferentes a cuando eran pequeños. De modo que, aunque la adolescencia tiene sus propios desafíos, también es una hermosa etapa, llena de oportunidades para invertir en la vida de nuestros hijos.

Una noche, antes de dormir, tuvimos una de esas conversaciones. Supongo que un tanto abrumados por las noticias, la incertidumbre, la poca interacción social en términos normales, nuestros hijos nos compartían su sentir. Nos dijeron cosas como estas: *¿Qué espera a nuestra generación? ¿Y si esto no se acaba nunca? ¿Cómo vamos a vivir de ahora en adelante, siempre con una mascarilla? ¿Y qué será de la escuela en el nuevo curso? ¡Es como si no hubiera esperanza!* Ahí estaba la clave, era un problema de esperanza lo que estaba dando vueltas en sus mentes y corazones. Y sobre ese tema giró el diálogo.

Verás, los seres humanos necesitamos la esperanza. Nuestros corazones fueron hechos para ella y cuando la perdemos, se nos enferma el alma. El asunto es que, cuando no conocemos a Cristo, e incluso a veces luego de conocerlo, nuestra naturaleza caída nos lleva a poner la esperanza en cosas efímeras como las posesiones o los logros personales, en seres humanos que, como nosotros, están limitados en lo que pueden hacer u ofrecer, en sistemas políticos y programas sociales. Poner la esperanza en cualquiera de estos nos llevará siempre por el mismo camino, esperanza fallida.

Si le preguntamos a un diccionario de español, encontraremos definiciones de esperanza como esta: «Estado de ánimo que surge cuando se presenta como alcanzable lo que se desea».[1] No sé si te percataste, pero algo de esa declaración reafirma lo que veníamos diciendo, nos dice que es un estado de ánimo, y un estado de ánimo es algo voluble, inconstante. De modo que hoy puedo tener esperanza y mañana no. Me imagino que estarás de acuerdo conmigo en que así es como la mayoría de la gente ve la esperanza. Es algo que sienten en un momento cuando el objeto de su esperanza parece posible o real. ¿Algunos ejemplos? Una persona puede decir que tiene esperanza de mejorar económicamente porque le fue muy bien en una entrevista de trabajo. Otra persona quizá diga que tiene esperanza en que el tratamiento médico funcione y pueda recobrar la salud. Una joven tiene esperanza de conocer a su futuro esposo en esa cita que se acerca, y así por fin vivirá su propia historia de «felices para siempre». Podríamos seguir añadiendo, pero creo que el punto está claro. No es que haya nada de malo o pecaminoso en el deseo de mejorar económicamente, o de recobrar la salud o casarse. El problema está en que esas cosas nos provocan un estado de ánimo, una esperanza, que tiene fecha de expiración.

Entonces, ¿qué es la esperanza realmente? Cuando estamos en Cristo, la definición de esperanza luce muy diferente. No está en algo, sino en alguien. Está en Dios, en Su carácter. Veamos cómo nos describe la esperanza el *Diccionario Bíblico Ilustrado Holman:* «... es la confianza en que lo que Dios hizo por nosotros en el pasado garantiza nuestra participación en lo que hará en el futuro».[2] ¿Te das cuenta? No es un estado de ánimo, ni algo que siento circunstancialmente, porque no depende de mí. La esperanza descansa en quién es Dios. Tener esperanza es saber que Dios cumplirá lo que ha prometido y que Su Palabra no cambia. Esperanza es lo que ocurrió hace muchos años una noche estrellada, en un pueblito insignificante llamado Belén, precisamente como cumplimiento de una promesa. El profeta Isaías lo había anunciado varios siglos antes, y Mateo nos lo recuerda al escribir su Evangelio: «Y EN SU NOMBRE LAS NACIONES

PONDRÁN SU ESPERANZA» (12:21). Esperanza es Jesús. Él es el cumplimiento de todas las promesas (2 Cor. 1:20) que alimentan nuestra esperanza. Y nuestra esperanza es viva, porque Cristo resucitó. No esperamos en una posibilidad, esperamos en la realidad de la resurrección: «Bendito sea el Dios y Padre de nuestro Señor Jesucristo, quien según Su gran misericordia, nos ha hecho nacer de nuevo a una esperanza viva, mediante la resurrección de Jesucristo de entre los muertos» (1 Ped. 1:3).

En nuestro paso por este mundo enfrentaremos diferentes situaciones que parecerán ladrones de esperanza, y por eso es tan bueno recordar que un corazón nuevo, el corazón que nace a la vida que Cristo nos da, es un corazón que puede tener esperanza más allá de las circunstancias que le rodean.

ESPERANZA EN EL DOLOR

Explicar el dolor no es necesario, todas lo hemos experimentado de una u otra forma. En el capítulo 8 hablamos un poco acerca del tema. Sin embargo, quisiera retomarlo aquí, pero desde otro ángulo. ¿Qué hacemos con él? ¿Qué hacer cuando el dolor toca a la puerta?

Ante todo, debo decirte que es normal sentir angustia frente a las diversas situaciones difíciles que la vida nos presenta. Tal es así que la Biblia está llena de ejemplos de hombres y mujeres clamando a Dios en medio de sus angustias y tristezas. Momentos en los que solemos preguntarnos, ¿hasta cuándo Dios? Ese fue el caso de David cuando escribió lo que conocemos como el Salmo 13. Mira sus palabras:

«¿Hasta cuándo, oh, Señor? ¿Me olvidarás para siempre? ¿Hasta cuándo esconderás de mí Tu rostro? ¿Hasta cuándo he de tomar consejo en mi alma, teniendo pesar en mi corazón todo el día? ¿Hasta cuándo mi enemigo se enaltecerá sobre mí?» (Sal. 13:1-2).

Este salmo entra en la categoría de «salmos de lamento», y dicha categoría es la más amplia en todo el libro. Eso nos indica que sentirse así, abrumado, triste, lamentando una situación, es algo común en nuestra humanidad. Como ya hemos dicho, ser cristiano no quiere decir que estamos exentos del sufrimiento, ni que debamos colocarnos una máscara que disfrace nuestros verdaderos sentimientos y muestre un rostro feliz. Eso, en realidad, sería hipocresía.

De modo que al leer estas palabras entendemos que, al igual que David, podemos llegar con toda sinceridad y confianza al trono de nuestro Padre Celestial, y expresar nuestro dolor, nuestra tristeza, el lamento ante una situación que nos agobia.

Lamentarnos no es pecado, de hecho, Jesús mismo lo experimentó. ¿Recuerdas aquellas palabras que pronunció al contemplar a Jerusalén? La mayoría de nuestras Biblias las colocan en una sección que dice «lamento sobre Jerusalén», porque así fue como Jesús se sintió (ver Mat. 23:37). Y en Eclesiastés 3 leemos que hay tiempo para todo debajo del sol, incluso tiempo para llorar. Sin embargo, el dolor es un buen recordatorio de una verdad crucial de nuestra fe. Aunque quisiéramos que la situación difícil, cualquiera que sea, terminara, nuestro anhelo debe ser el establecimiento de ese otro mundo, la nueva creación, el reino de Cristo, y del que podremos disfrutar gracias a Su sacrificio.

David escribió este canto porque se sentía abrumado ante un enemigo que lo perseguía. Quizá no nos persigue ningún enemigo de carne y hueso, sino que nuestra aflicción es de otra clase; pero, como nos enseña la Escritura en este pasaje, ¡tenemos que escoger dónde poner la esperanza!

«Pero yo en Tu misericordia he confiado;
Mi corazón se regocijará en Tu salvación» (v. 5).

El dolor no siempre termina. A veces nos toca esperar, sin saber cuánto. No obstante, el carácter de Dios, en este caso Su misericordia, nos infunde esperanza. Los momentos oscuros de la vida pueden llevarnos a muchos lugares, nosotras tenemos que decidir a cuál iremos. He llegado a la conclusión de que el único lugar seguro es la Palabra de Dios y Su presencia. En cuanto me salgo de allí el momento difícil se vuelve todavía más bajo y oscuro.

En otro de sus salmos, el 31, David ruega a Dios protección y ayuda. Si leemos el versículo 2 encontramos una oración suplicante: «Inclina a mí Tu oído, rescátame pronto; sé para mí roca fuerte, fortaleza para salvarme». Estas son las palabras de alguien que sabía a dónde acudir en momentos de angustia y debilidad. Dios escucha, nuestras oraciones no se quedan en el techo. En los tiempos de dolor, la preocupación solo produce más ansiedad. Corramos a Dios y abrámosle nuestro corazón, no solo porque nos escucha, sino también porque es nuestra roca, Él permanece firme, nos sostiene.

En ese mismo Salmo, más adelante, leemos: «Me gozaré y me alegraré en Tu misericordia, porque Tú has visto mi aflicción; has conocido las angustias de mi alma» (Sal. 31:7). ¿Te percataste? En medio de circunstancias difíciles, había un motivo de alegría: la misericordia de Dios. Esa nunca se agota, es nueva cada mañana, ¡y de ahí que podamos tener esperanza! Esperanza en Dios, que domina las circunstancias y que no solo nos escucha, sino que también ve nuestra angustia. ¡No estamos solas en el dolor ni en ninguna otra situación!

Es cierto que muchas veces la vida parece un viernes oscuro, como aquel de hace más de dos mil años. Para algunas personas, la oscuridad viene en forma de lágrimas de remordimiento, como pasó con Pedro. El peso de sus palabras le aplastaba y la amargura le nublaba la vista. Para otros, el viernes llega cuando las consecuencias de las acciones no se hacen esperar, y terminan en manos de la justicia humana, como los dos ladrones que colgaban en una cruz junto a Jesús. Aun en otros casos el viernes llega cuando miramos a nuestro alrededor consternadas y desesperanzadas, como las mujeres que habían acompañado a Cristo durante Su ministerio y no podían dar crédito a lo que sus ojos contemplaban: el Señor colgaba de un madero y sus vidas, aparentemente, habían perdido todo el rumbo. Y en muchos casos el viernes es sinónimo de final. Esperanzas enterradas, sueños sepultados, relaciones acabadas, fin de la vida.

¿Estás viviendo un «viernes»? ¿Estás quizá como Pedro, llorando por remordimiento, aplastada por el peso de esas palabras que nunca debiste decir y ahora no puedes recuperar? ¿Será que estás viviendo las consecuencias de decisiones equivocadas y aunque te arrepientes las tienes que enfrentar, como los dos hombres colgados junto a Jesús? ¿Estás acaso viviendo un perenne viernes oscuro, sin poder celebrar la vida ni nada de lo que te rodea porque algo sucedió que te ha robado todo el gozo, todo deseo de sonreír y cantar, y agradecer? ¿Crees que toda esperanza y sueño han quedado bien sellados detrás de una piedra que nadie puede remover? Entonces quiero decirte algo: aunque el viernes sea oscuro, ¡habrá un domingo! ¡Hay esperanza!

Cuando cada una de estas personas vivió aquel viernes, estaban justamente así, convencidas de que nada cambiaría, que la oscuridad en sus vidas había llegado para quedarse sin posibilidad de ser traspasada por un rayo de esperanza. Los viernes oscuros de la vida son difíciles. El dolor en ocasiones es tan profundo que ni siquiera queremos hablar de él. Sin embargo, nos aferramos a este con toda nuestra fuerza porque no creemos que habrá «un domingo».

Jesús trató de hacerles entender a Sus discípulos la verdad de la esperanza; quería que cuando llegara el viernes, se enfocaran en el domingo. Pero no lo entendieron. Y lo mismo nos pasa a ti y a mí. A pesar de que ahora conocemos cuál fue el desenlace de aquellos sucesos, a pesar de que sabemos que el viernes no fue eterno… ¡nos cuesta creer en el domingo!

Mi querida lectora, Jesús murió un viernes para darnos un domingo de esperanza, y también un lunes, un martes, un miércoles, ¡un corazón esperanzado! Sí, no siempre podremos evitar los viernes, como ya sabemos, pero tenemos la certeza de que el domingo viene. Y cuando así sea, lo muerto resucitará. Aunque todo parezca oscuro, recuerda que tenemos de nuestro lado a la Luz del mundo, Jesús, ¡Él es la esperanza!

ESPERANZA EN LA INJUSTICIA 

No me gustan mucho los noticieros, ni seguir páginas de noticias. Por una parte, mucha de nuestra prensa es amarillista y, por ende, siempre van tras noticias que puedan captar la atención de cualquier público, cueste lo que cueste. Por otra, lo hago para cuidar mi mente y corazón porque sé que una dosis elevada de este tipo de información puede crear en mí un estado de ansiedad muchas veces infundado. Sin embargo, puesto que vivimos en tiempos de redes sociales, a veces es bastante difícil escapar de las noticias. Y fue así como hace unos días vi el titular de algo que sucedió en nuestra ciudad, algo maquiavélico. Un niño autista que murió ahogado en un lago, víctima de su propia mamá. No es asunto de películas ni series policiacas, fue real y dejó atónita a la comunidad.

¿Por qué te cuento algo así? Porque cuando leemos o tenemos conocimiento de este tipo de sucesos, por lo general en nosotras se despierta o se agita un deseo de que los perpetradores del delito reciban su merecido, que las víctimas sean vindicadas. Anhelamos la justicia.

Y quizá no sea necesario que ocurra algo tan funesto. El mismo anhelo lo sentimos cuando alguien nos maltrata o blasfema; cuando un maestro dice algo hiriente a uno de nuestros hijos escudándose en su autoridad; cuando un niño abusa de otro más débil o pequeño en el patio de la escuela y los adultos no hacen nada; cuando los gobernantes y políticos son corruptos y no responden a los intereses del pueblo a quien lideran. Anhelamos justicia cuando sabemos que alguien está obrando mal y parece quedar sin castigo; cuando una persona es maltratada solo por el color de su piel o el idioma que habla. Podríamos llenar páginas y páginas de ejemplos de injusticia. ¡Y es lógico! ¿Cómo así? Vivimos en un mundo caído, y en un mundo tal, donde impera la justicia humana, nunca habrá verdadera justicia.

Así que al ver todo lo que nos rodea, es muy fácil también perder la esperanza, creer que nunca será diferente, que todas estas iniquidades y atropellos no serán castigados. En cierto modo nos parecemos mucho a la gente del tiempo de Jesús, desilusionados porque ellos creían que, al tenerlo a Él, por fin se les haría justicia como nación. No entendieron, como tampoco a veces nosotros entendemos, que ese mundo justo no es ahora. La justicia que Cristo vino a traer cuando caminó entre nosotros fue justicia entre Dios y el hombre (ver Rom. 3:25-26). Él, el Justo, vino a imputarnos Su propia justicia para que ahora seamos llamados hijos de Dios; pero este sigue siendo un mundo rebelde, impulsado por el pecado que provoca todas esas injusticias.

No obstante, nuestro Dios es un Dios justo, Él ama la justicia y el derecho.

«...mas el que se gloríe, gloríese de esto:
de que me entiende y me conoce,
pues yo soy el Señor que hago misericordia,
derecho y justicia en la tierra,
porque en estas cosas me complazco—declara el Señor» (Jer. 9:24, LBLA).

Y porque Él es fiel a Su carácter, podemos estar seguras de que un día la injusticia por fin terminará, porque el reino de Cristo será establecido. Él regresará a juzgar, «... Él viene a juzgar la tierra: juzgará al mundo con justicia y a los pueblos con Su fidelidad» (Sal. 96:13). Esa es nuestra esperanza, en eso podemos esperar y esa es la verdad que debemos recordar a nuestro corazón cuando todo lo injusto que nos rodea produzca desesperanza.

CON EL CORAZÓN ESTRUJADO Y LA MIRADA MÁS ALLÁ DEL SOL

Si navegas las redes sociales, es muy probable que hayas visto los innumerables memes acerca de 2020. Algunos aluden de manera chistosa a películas que nos transportan a otros mundos por cuenta de un juego de video, y pareciera que cada mes o semana de este año representa un nivel más complicado del mismo. Otros hacen alusión a portales que se han abierto y que nadie puede cerrar. Y los memes más literarios comparan la realidad que estamos viviendo con una distopía.

La verdad es que, aunque así lo parezca, no es un juego de niveles complicados, ni un portal de ciencia ficción ni una novela de alienación humana futura. Es sencillamente, aunque no por ello simple, la realidad dolorosa, injusta y aplastante de un mundo caído donde nada se escapa de la influencia del pecado.

Vivo en los Estados Unidos y 2020 también nos ha dejado días de mucha agitación social. No recuerdo nada igual desde que llegué a este país que tanto amo. El asunto es mucho más complicado de lo que parece en la superficie y no pretendo abordarlo aquí. Mi corazón, como el de muchas otras personas, está encogido y estrujado al ver la maldad y el odio levantarse con tanta fuerza. Es inevitable amanecer a un nuevo día y no pensar: *¿qué habrá pasado anoche?* Protestas, toque de queda, enfrentamientos violentos, destrucción, muerte, división. Esas han sido palabras de los titulares en las noticias durante estos días.

Como muchos, he tratado de procesar lo que sucede hasta donde mi mente finita lo permite. En oración le he pedido al Señor que me ayude a mirar con Sus ojos, con Su perspectiva, con el amor y la compasión con los que Él nos mira... Mirar más allá de ideas preconcebidas y opiniones políticas. No es simple, no es cuestión de un día. Y no creo que nadie pueda afirmar tener todas las respuestas.

Sin embargo, en medio de todo, una idea viene una y otra vez a mi mente: este mundo no es mi hogar si Cristo es el Salvador de mi vida. Y quizá se nos olvida demasiado a menudo. Se nos olvida que estamos de paso, que somos peregrinos que vamos en una trayectoria cuya meta está más allá del sol, como decía una canción que se hizo popular allá por los años 90. Cada una de las tragedias que nos dejan sin palabras, de las experiencias dolorosas, las pérdidas, las injusticias, los sueños destrozados; nuestra incapacidad de solucionar los problemas ni de lograr reconciliación; nuestra frustración ante el mal preponderante y la aparente falta de solución ante las crisis... Todo esto debería ser un recordatorio constante de que este mundo no es el destino final y, al mismo tiempo, provocar en nosotras un anhelo cada vez más grande por ese otro, el que Cristo está preparando, el que Su muerte y Su resurrección han hecho posible. El dolor debería ponernos de rodillas y hacernos clamar cada día: ¡Venga tu reino! ¡Ven, Señor Jesús!

¿Te has preguntado alguna vez por qué esa frase es casi la última en la Biblia?

Si lees Apocalipsis (sí, ya sé que no es uno de los favoritos, pero es necesario leer todo el consejo de Dios, es decir, toda la Biblia), verás que las cosas realmente no van a mejorar, ¡al contrario! Después del pecado en el Edén, la espiral es descendente. Es ilusorio, ¡y no bíblico!, creer que viviremos en un mundo de paz, sin guerras, sin enfermedad, sin injusticia, sin conflictos. No, vivimos en un mundo que siempre tendrá de estas cosas, en mayor o menor medida.

Estamos demasiado enamoradas de lo que nuestros ojos pueden ver. Necesitamos que el Señor nos ayude a mirar más allá del sol, donde está nuestro verdadero hogar. Es crucial que vivamos con los pies en la Tierra, pero con los ojos en el cielo. ¿Qué quiero decir, que debemos ignorar lo que sucede, alienarnos, enajenarnos, mudarnos a una isla deshabitada en el Pacífico (aunque confieso que ganas no me han faltado a veces)? No, el Señor nos puso aquí, ahora, para cumplir con Sus propósitos, para ser luz, para llevar las buenas nuevas a un mundo que perece y que lo que más necesita no es una reforma social sino una revolución espiritual provocada por el evangelio de Cristo. Esa es nuestra misión, y debemos cumplirla bien, para Su gloria. Pero estamos de paso, vamos junto con Cristiano, el de John Bunyan, hacia la Ciudad Celestial. Cristo nos espera, y en la trayectoria, nos acompaña. Tenemos un hogar, dulce hogar, más allá del sol. Y por eso...

Después de más de tres horas de película yo no podía creer el final. No recuerdo exactamente cuánto lloré, pero sé que fue un buen rato. ¿Cómo no había otro pedazo de madera para que este hombre se salvara? ¿Por qué tenía que terminar ahogado en las heladas aguas del Atlántico Norte? ¿Por qué el guionista decidió terminar así la película? Es probable que sepas de qué hablo, es el filme Titanic, del director norteamericano James Cameron.

No puedo responder las preguntas desde el punto de vista de los productores, ni del escritor del guión, pero sí sé cuál es el motivo de mis preguntas. Todos, o al menos la mayoría, queremos un final feliz en la vida. Es por eso que tantos disfrutan las películas de los superhéroes, porque en el fondo queremos vivir en un mundo así. ¿Y sabes por qué? Porque esa era la idea inicial, y aunque muchos no puedan verlo o lo nieguen, ese deseo se remonta al diseño original de Dios. Quisiéramos un final feliz para cada evento, cada situación, cada dificultad. Sin embargo, cuando el pecado entró al mundo, terminó toda posibilidad de perfección en esta Tierra.

Tal vez, al leer el título de esta sección, vengan a tu mente frases que has escuchado, predicaciones, títulos de libros y mucho más. Y esa idea puede tener cierta lógica entre quienes no conocen a Dios, porque en sus mentes este mundo es todo lo que existe. Sin embargo, es lamentable que diciendo que somos cristianos creamos que nuestra mejor vida es para el aquí y el ahora.

A lo largo de este libro hemos mencionado diferentes maneras en que nuestro corazón refleja ese mundo caído, y una más es cuando depositamos la esperanza en nuestra vida terrenal, en todo lo que mencionamos unos párrafos antes. Hemos creído otra mentira más, la de que es posible tener de este lado de la eternidad lo que solo se nos ha prometido para el otro. Así que alimentamos esa vana esperanza para luego terminar en el lado opuesto… desesperanzadas.

¿Sabes, mi querida amiga? La mejor vida no es ahora. La mejor vida será en otro momento y lugar, aquello a lo que llamamos *nueva creación*, cuando todo volverá a ser perfecto porque el pecado no existirá más. Mientras estemos aquí tendremos que seguir luchando con el dolor, con las decepciones, con la enfermedad, con la tristeza, con la injusticia, con la traición, con la muerte. La mejor vida no es ahora, ¡pero tenemos esperanza!

Lee conmigo este pasaje:

Entonces vi un cielo nuevo y una tierra nueva, porque el primer cielo y la primera tierra pasaron, y el mar ya no existe. Y vi la ciudad santa, la nueva Jerusalén, que descendía del cielo, de Dios, preparada como una novia ataviada para su esposo. Entonces oí una gran voz que decía desde el trono: «El tabernáculo de Dios está entre los hombres, y Él habitará entre ellos y ellos serán Su pueblo, y Dios mismo estará entre ellos. Él enjugará toda lágrima de sus ojos, y ya no habrá muerte, ni habrá más duelo, ni clamor, ni dolor, porque las primeras cosas han pasado».

El que está sentado en el trono dijo: «Yo hago nuevas todas las cosas». Y añadió: «Escribe, porque estas palabras son fieles y verdaderas». También me dijo: «Hecho está. Yo soy el Alfa y la Omega, el Principio y el Fin. Al que tiene sed, Yo le daré gratuitamente de la fuente del agua de la vida. El vencedor heredará estas cosas, y Yo seré su Dios y él será Mi hijo.

Apocalipsis 21:1-7

Ese es el verdadero final feliz. Todo lo demás es una trayectoria, un viaje que estamos haciendo en este mundo y en el que tenemos, entre otras, la misión de convertirnos en portadores de esperanza. Los que conocemos a Cristo sabemos que la muerte y todo el dolor que arrastra con ella, ya han sido vencidos. No podemos perder ese enfoque, porque esa es la verdad. A pesar de la incertidumbre que parece abrumarnos, damos gracias a Dios por Sus promesas. ¡En Su Palabra está nuestra esperanza!

Ese pasaje describe la mejor vida, esa es la que aguardamos, en ella debemos fijar nuestros ojos, ¡esa es nuestra esperanza! ¡Cristo viene y reinará! Si no nos aferramos con uñas y dientes a esa esperanza, estamos perdidos porque este mundo ya ha dejado más que claro que nada puede ofrecer. Esperamos Su reino. Dios mismo habitará entre nosotros, como al principio. Es demasiado para mi mente finita tratar de imaginar cómo será, pero lo creo porque Él lo ha prometido. Un mundo sin lágrimas, ¿te imaginas? No habrá nada que nos haga llorar, nunca más. Será un mundo donde todas, absolutamente todas las cosas serán hechas nuevas. No más niños huérfanos, ni con enfermedades terminales. No más abusos ni injusticias de ninguna clase. Un mundo de vida eterna. Un mundo perfecto.

Tu corazón y el mío pueden vivir con esperanza, hoy y siempre, gracias a la obra preciosa y única de Cristo en la cruz. Sí, todavía nos queda mucho camino por andar, pero levanta la mirada al cielo, allí está Él, nuestro Salvador, nos está esperando con brazos abiertos. No nos movamos de esa verdad, el evangelio, la mejor noticia de todas porque es una noticia de esperanza.

PARA RECORDAR

La esperanza descansa en quien es Dios. Tener esperanza es saber que Dios cumplirá lo que ha prometido y que Su Palabra no cambia.

Nuestra esperanza es viva, porque Cristo resucitó. Nuestra esperanza no está puesta en una posibilidad, sino en la realidad de la resurrección.

En los momentos oscuros de la vida tenemos que decidir adónde iremos. El único lugar seguro es la Palabra de Dios y Su presencia.

Estamos demasiado enamoradas de lo que nuestros ojos pueden ver. Necesitamos que el Señor nos ayude a mirar más allá del sol, donde está nuestro verdadero hogar.

Tu corazón y el mío pueden vivir con esperanza, hoy y siempre, gracias a la obra preciosa y única de Cristo en la cruz.

PARA REFLEXIONAR

1. Si te preguntaran qué es para ti tener esperanza, ¿cómo lo describirías?

____

____

____

2. ¿Cambió tu definición luego de leer este capítulo? ¿Cómo?

____

____

____

3. Lee Tito 2:11-13. ¿Qué indica el pasaje acerca de Dios? ¿Qué nos manda a hacer?

____

____

____

4. ¿Has sido víctima de alguna injusticia? ¿Cómo te has sentido? ¿Qué aprendiste hoy al respecto?

____

____

____

5. Lee Apocalipsis 22:1-5. ¿Qué aprendemos sobre nuestro futuro en Cristo? ¿Qué esperanza encuentras en esos versículos?

____

____

____

CONCLUSIÓN

Y hasta aquí este libro. Como hemos visto, a lo largo de Su ministerio, Jesús habló una y otra vez acerca de nuestro corazón y por eso comenzamos cada capítulo con un pasaje de los Evangelios. Mi deseo y oración es que ahora esté más claro en tu mente qué significa vivir con un corazón nuevo y las implicaciones para nuestra vida de este lado de la eternidad. Tal vez, cuando comenzaste, creías que al llegar al final tendrías alguna fórmula o método, pero imagino que a estas alturas ya sabes que el corazón nuevo es al mismo tiempo algo instantáneo (salvación) y algo que irá ocurriendo poco a poco (santificación), pero no hay atajos ni recetas porque es la obra de Dios mediante Su Espíritu.

Algunas de las verdades que exploramos quizá ya las conocías y fueron un recordatorio; otras tal vez te resultaron nuevas. De cualquier modo, la idea es que ahora podamos tomarlas y ponerlas en práctica, un día a la vez y conscientes de que no lo haremos solas, esta obra la empezó Cristo en nosotras y Él la terminará.

No pretendo haber abarcado todo lo que se puede decir sobre un corazón nuevo. Sé que si dentro de unos años tuviera que reescribir o revisar este libro, algunas cosas cambiarían en su contenido porque como tú, yo también estoy viviendo con un corazón trasplantado que a menudo batalla por regresar a su estado original. Y también como tú voy aprendiendo y conociendo más a quien nos trajo de muerte a vida, a Cristo. Mi profundo anhelo es que las palabras de este libro te animen a estudiar más el mejor de todos los libros, la Palabra de Dios.

Cada vez que llego al final de escribir un libro lo hago con una sensación agridulce porque me parece que es una especie de viaje que hemos compartido y llegó el momento de despedirnos, esa es la parte un tanto triste. La parte dulce es saber que si llegaste hasta aquí, es porque de alguna manera esta lectura fue de bendición para tu vida y te agradezco por haberme acompañado. Créeme que esa ha sido mi oración desde el principio, que este libro te ayude en tu carrera de fe. Tal vez no nos conozcamos en esta Tierra, pero sabemos que un día compartiremos en el mismo reino y podremos alabar y adorar juntas al Autor de nuestro corazón nuevo.

Hasta un próximo viaje,
Wendy

AGRADECIMIENTOS

Escribir un libro me sería muy difícil si no fuera porque hay un equipo, a veces invisible, detrás del proceso. Así que no puedo pasar por alto agradecer a todos los que han hecho posible que este proyecto llegue al final.

A mi querido esposo, porque su ayuda se traduce de tantas maneras que no tendría espacio aquí para contar, pero sobre todas las cosas, porque me ama incluso en esos días en que menos lo merezco.

A mis hijos, que tienen paciencia cuando mami está enfrascada en escribir y tratando de concentrarse, incluso en estos meses en que compartimos el mismo espacio las 24 horas del día debido a la pandemia del COVID-19.

A mi mamá y Osvaldo, porque nos colman de amor a mí y a mi familia, y con solo una llamada nos rescatan de mil apuros.

Papi, gracias por permitirme contar tu historia, en segunda vuelta. Oro por tu vida y corazón.

A Silvia, porque eres esa amiga que todos necesitamos, especialmente en los días grises.

A Nira, Tricia y Jo, porque su amistad ha sido un regalo de Dios. Gracias por recordarme el evangelio constantemente, y por orar por este libro, ¡incluso cuando dos de ustedes no hablan ni leen español!

Al equipo editorial de B&H Español y LifeWay Mujeres, ¡gracias otra vez! De manera especial a Chelsea Collins y Wendy Ortiz, ustedes son una bendición de muchas maneras y agradezco a Dios no solo trabajar con ustedes sino contar con su amistad. Gracias Giancarlo Montemayor y César Custodio, su trabajo es excelente, y el apoyo que recibo de vuestra parte es siempre alentador.

A cada una de las lectoras que me envían sus comentarios y palabras de ánimo, las atesoro.

Y, por supuesto, gracias infinitas a Cristo, porque no me merezco nada, mucho menos la salvación. Todo es por Él, por medio de Él y para Él. ¡A Dios sea la gloria!

NOTAS

Capítulo 2 - Un corazón limpio

1. "Señor, ¿Quién Entrará?, Himnario Bautista, © Copyright 1978 Casa Bautista de Publicaciones
2. Charles Spurgeon, *The Treasury of David* [traducido por la autora] https://www.biblestudytools.com/commentaries/treasury-of-david/psalms-24-4.html
3. Diccionario Bíblico Ilustrado Holman, «santo», (Nashville, TN, B&H Publishing Group, 2014), versión Kindle, pos. 51210.
4. Pódcast *Ask Pastor John, How Important Is It to Confess My Sin to Someone Other Than God?*, 7 de febrero de 2018, traducción de la autora.

Capítulo 3 - La abundancia del corazón

1. Charles Spurgeon, *The Treasury of David* [traducción de la autora] https://www.biblestudytools.com/commentaries/treasury-of-david/psalms-37-4.html
2. Himno «Pon tus ojos en Cristo». Helen Howarth Lemmel, 1918. Versión en español: C. Steger, C. Denyer. https://historiasdehimnos.com/2017/04/18/fija-tus-ojos-en-cristo/

Capítulo 4 - Un corazón no dividido

1. Diccionario Bíblico Ilustrado Holman, «escriba», (Nashville, TN, B&H Publishing Group, 2014), versión Kindle, pos. 19604.
2. Tim Keller, *Counterfeit Gods* [Dioses falsos], traducción de la autora https://www.thegospelcoalition.org/blogs/trevin-wax/counterfeit-gods-tim-keller-takes-on-our-idols/

Capítulo 5 - Un corazón revestido de humildad

1. REAL ACADEMIA ESPAÑOLA: Diccionario de la lengua española, 23.ª ed., [versión 23.3 en línea], «humildad». https://dle.rae.es. Consultado el 20 de abril de 2020.
2. Diccionario Bíblico Ilustrado Holman, «orgullo», (Nashville, TN, B&H Publishing Group, 2014), versión Kindle, pos. 41882.

3. Biblia de Estudio Spurgeon, (Nashville, TN, Holman Bible Publishers, 2019), página 1473.
4. Warren Wiersbe, *Be Loyal*, Matthew, (Colorado, CO., David C. Cook, 2008), pág. 46.
5. Biblia de Estudio para Mujeres (Nashville, TN, Holman Bible Publishers, 2017), página 1171.
6. Biblia de Estudio Spurgeon, (Nashville, TN, Holman Bible Publishers, 2019), página 1112.

Capítulo 6 - El corazón y la misericordia

1. Primer diccionario general etimológico de la lengua española, Volumen 3, «misericordia», Google Books, consultado el 27 de abril de 2020.
2. Diccionario Bíblico Ilustrado Holman, «misericordia», (Nashville, TN, B&H Publishing Group, 2014), versión Kindle, pos. 38358.
3. Jen Wilkin, *In His Image* (Wheaton, Illinois, Crossway, 2018), pág. 79. Traducción de la autora.
4. Tim Keller, Serving Each Other Through Forgiveness and Reconciliation. https://viennapres.org/wp-content/uploads/2016/04/Keller-Forgiveness-and-Reconciliation-2016-5-1-Resource.pdf.
5. Traducido por la autora.
6. Corrie Ten Boom on Forgiveness, Guidepost, 2014 (https://www.guideposts.org/better-living/positive-living/guideposts-classics-corrie-ten-boom-on-forgiveness. Consultado el 1 de mayo de 2020. Traducción de la autora.

Capítulo 7 - El corazón que aprende a amar

1. Biblia de Estudio Spurgeon, (Nashville, TN, Holman Bible Publishers, 2019), página 1426.

Capítulo 8 - El corazón que descansa en Dios

1. REAL ACADEMIA ESPAÑOLA: Diccionario de la lengua española, 23.ª ed., [versión 23.3 en línea], «ilusión». https://dle.rae.es. Consultado el 15 de mayo de 2020.
2. REAL ACADEMIA ESPAÑOLA: Diccionario de la lengua española, 23.ª ed., [versión 23.3 en línea], «restaurar». https://dle.rae.es. Consultado el 15 de mayo de 2020.

Capítulo 9 - La fe del corazón nuevo

1. Lexico.com , «fe» https://www.lexico.com/es/definicion/fe. Consultado el 20 de mayo de 2020.
2. Diccionario Bíblico Ilustrado Holman, «fe», (Nashville, TN, B&H Publishing Group, 2014), versión Kindle, pos. 22061.

3. Biblia de Estudio Spurgeon, (Nashville, TN, Holman Bible Publishers, 2019), página 1530.
4. Nancy Guthrie, Holding On To Hope, citado en Google Reads. https://www.goodreads.com/author/quotes/370910.Nancy_Guthrie. Consultado el 29 de junio de 2020.

Capítulo 10 - El corazón esperanzado

1. REAL ACADEMIA ESPAÑOLA: Diccionario de la lengua española, 23.ª ed., [versión 23.3 en línea], «esperanza». https://dle.rae.es. Consultado el 15 de junio de 2020.
2. Diccionario Bíblico Ilustrado Holman, «esperanza», (Nashville, TN, B&H Publishing Group, 2014), versión Kindle, pos. 20053.